誰でもアッという間に
不思議なくらい商品が

売れる販売員の法則

売れる売れる研究所
橋本和恵

大和書房

プロローグ　販売力は才能ではなく、技術です。

「お客様にどのように声掛けしたらいいかわからない」
「話しかけようとしても、逃げられてしまう」
「お客様が無言になってしまう」
「売れる人になりたいが、成績が上がらずつらい……」

販売の仕事に従事していて、このように悩む方が最近、特に増えてきたように思います。今の世の中は不況です。モノがなかなか売れない時代です。その売れない時代に、「売る」という仕事を選択した皆さんが最初に陥《おちい》るのが、売れない、結果を出せないという壁です。誰にも教わらずにこの壁を乗り越えることができる人も、なかにはいます。しかし、それはほんの一握り。ほとんどの方が、この壁の前で挫折してしまうのです。
私は販売員として仕事を始める新社会人を、何千人も見てきました。皆さん、入社直後は本当にキラキラと輝いた目をしています。販売という職業に夢や憧れを持っていることがひしひしと伝わってきます。

しかし、数ヶ月もすれば、ほとんどの人がどよ〜んと暗い顔つきになっている。そういう現場に何度も遭遇してきました。仕事が原因で病気になり、働き続けられなくて辞めてしまった方を何人も知っています。

せっかく憧れて、自分に合っていると思って販売の世界に入って来たのに、なぜ、どよ〜んと暗い顔になってしまうのか？

それは、「売れない」からです。

入社して商品知識を教えてくれる人はたくさんいます。挨拶や接客も教えてくれます。しかし、どのように商品を売るのかを教えてくれる人は、一人もいないのです。そんな現状をなんとかしたい、そう思って私は本書を書くことにしました。

陶芸家だった私がカリスマ販売員になれた理由

私は「どんな商品でも、どんな場所でもドンドン売れるカリスマ販売員」と呼ばれています。経歴や肩書きだけ見ると、最初から売れる才能を持っていたのではないか、と勘違いされがちですが、そうではありません。

私はもともと陶芸家でした。有田焼で有名な佐賀県の窯業《ようぎょう》大学校で2年間学び、兵庫県の自宅工房でロクロを回して陶芸作品を制作していました。

なぜ陶芸家を目指したのか？　答えは簡単です。人としゃべらずに仕事ができるからです。その頃は極度に人が苦手で、コミュニケーション下手でした。

ところが、陶芸の窯《かま》を買うために効率よく稼げるアルバイトを探していたところ、たまたま採用されたのが、販売のプロを派遣する会社だったのです。

プロ販売員とは、スーパーや百貨店の特設イベントの売り場に派遣されて、見たことも触ったこともない商品をその場で売ることを専門にしている販売員です。メーカーの社員でもなければ、スーパーや百貨店の社員でもない、販売を専業とするプロです。売る技術がなければ成立しない仕事なのですが、面接の担当者に気に入られて、なぜか未経験の私がその仕事をすることになってしまいました。

もちろん、最初は失敗や挫折の連続でした。まったく売れなかったのです。技術もないし、人見知りでうまく話せないのですから当たり前ですが、そんなことは現場であるスーパーや百貨店の責任者には関係ありません。ですので、毎日、怒鳴られていました。

「橋本さんはもう来なくていいから。別の人を呼んでよ！」

「売れない人を雇うほど、うちは余裕がないんだよ！」

セール期間中に売上を上げられず、「帰れっ！」と胸ぐらをつかまれ、凄《すご》まれたことも一度や二度ではありません。

そうしたみじめな目にあい、自分に対する悔しさと情けなさで、シクシク泣きなが

ら帰宅したことも、数えればきりがありません。

それでも、こうしてやって来られたのは、ある化粧品会社の課長の存在がとても大きかったのです。その課長さんは、関西の販売統括をされていたのですが、経験不足でなかなか芽が出ない私をいつも指名してくださっていました。

ある日、なぜいつも指名してくださるのか不思議に思って、その課長さんにたずねてみました。

橋本「どうして、いつも私を指名してくれるんですか？」

課長「橋本さんは、いつも一生懸命やっているからね」

橋本「一生懸命やっているからですか？」

課長「**販売は波があるから、売れるときも売れないときもあるんだよ。だから、一生懸命やることが大事なんだ**」

それが私を指名してくれる理由でした。これを聞いて、自分を応援してくれている人がいる、だから一生懸命にやっていればきっと報われるときがくると思って、販売の現場に立ち続けたのです。

私は努力を重ね、数年かけてついにカリスマ販売員と呼ばれるようになりました。自分の立派な姿を見てもらおうと、ある日その課長さんに電話しましたが、電話に出てくれません。またかけ直そうと思っていると、すぐに別の方から連絡があり、課長さんが2日前に亡くなったことを告げられました。

死因はアルコールによる脳溢血《のういっけつ》でした。数字を上げろという上からの重圧と、「売上目標が高すぎる」「人員が足りない」「業務が多い」など下からの突き上げに挟まれてお酒を止められず、死に至ってしまったというのです。

実際に販売員のなかには、プレッシャーによって心を病んでしまう人が少なくありません。課長さんのように、アルコール依存症になる人も珍しくないのです。

私は思いました。「天国にいる課長さんに恩返しをしなくては！」

その日以来、現場の販売員だけでなく、その上司の人たちを救うためにも、販売の技術をさらに磨いていったのです。

500回に及ぶ店頭販売実験から得たもの

技術を磨くために、私は現場で500回にも及ぶ店頭実験をしました。

「どうして、売れる人と売れない人がいるのか？」を知るためです。

販売員の性格や人柄、笑顔といったあやふやな条件ではなく、具体的にどの位置からアプローチを掛けたら売れるのか、声のトーンはどのくらいがよいのか、クロージングのときはどこを見るべきか、髪の毛を何色にしたら売れるのかなど、さまざまな実験を繰り返しました。

髪の毛は赤から緑、紫まで美容室にあるものを全色試しました。金髪にしたときには、お客様どころか店員にすら声を掛けてもらえず大失敗でした。

洋服の色も変えたことがあります。ベージュ、黄緑、青、オレンジ、赤、緑、紫……と着ているシャツの色を変えてみたところ、黒はプロっぽく見えて専門性は出るものの、お客様の心が開かないため、売上増に結びつけるのが難しいということがわかりました。桜色を着ているときが一番お客様の反応がよかったです。

ＣＤの販売でお客様が少ないときには、サンドイッチマンのように看板を表と裏にくっつけて集客をしながら販売しました。確かに目立ちはしましたが、誰も近寄ってくれないという散々な結果になりました。そこで、当時流行っていたモーニング娘。の「ＬＯＶＥマシーン」をかけて猛烈に踊りまくり、集客を試みましたが、これまた大失敗でした。

このように５００回中３５０回は失敗に終わり、「何やってるの？」とバカにされました。しかし１５０回は成功し、それらのノウハウを使えば何でも売れることがわかったのです。

販売の壁に多くの人が挫折してしまうのには、理由があります。

職場で教えられるのは、商品知識が中心。商品を売るために必要な具体的なノウハウは、誰も教えてくれないからなのです。

なぜそうなってしまうのでしょうか。それは、商品知識さえ身につければ、売れると思っている先輩販売員や会社が多いからです。そのため、売れない販売員の多くは「自分には売る才能がないから売れない」と勘違いをしています。

売れる人と売れない人の違いは、才能ではありません。
販売は技術と真心だと、私は常々思っています。

たとえば、あなたが買い物をしているとき。売れない人に接客をしてもらうと、「売りこまれているなという感じ」がとてもするものです。ところが、売れる人に接客をしてもらうと、「友だちに悩みを聞いてもらっているような感じ」がするはずです。

この違いが、技術と真心の差なのです。

売れる人は、お客様の「心の動き」に敏感です。だから、お客様が買いたいと思っているときに、ごく自然な形で商品を提供することができるのです。一方で売れない人は、お客様の「心の動き」に鈍感です。そのため、商品を提供するタイミングや方法が不自然になってしまうのです。

お客様の心の動きを読み解いて自然な形で商品を提供することは、技術と真心でいくらでもカバーできます。そして、その技術とは、この本で紹介する「6つの力」だけ。たったこれだけで、誰でももっともっと売れるようになるのです。

この不況の世の中に必要なのは、お客様にどのように接するかという接遇ではなくて、接客の技術なのです。お客様に対する礼儀はもちろん大切ですが、いくら礼儀正しくお客様に接しても、売れるようにはなりません。売るためには「6つの力」が欠かせないからです。

誰でも売れるようになる「6つの力」

販売力というと、「商品説明がうまい」「クロージングで押しの一手が得意」というイメージがあるかもしれません。しかし、私がこれから紹介する「6つの力」は、そういうものではありません。

売れないと悩んでいる販売員に私が本当にお伝えしたいのは、**商品を売ることに意識を注ぐのではなく、商品のよさをお客様に的確に伝えるためにどうすればいいのかを考えるべき**ということなのです。

商品のよさを伝えるために必要なのが、次の「6つの力」です。

①売れる考え方
②観察力
③アプローチ力
④商品説明力
⑤クロージング力
⑥リピーター獲得力

それぞれ、順を追って説明していきましょう。

①売れる考え方（第1章）

販売において、考え方は2種類しかありません。

「売れる考え方」と「売れない考え方」です。

売れる販売員は必ず、売れる考え方をしています。そのため、スランプもありません。

売れる販売員になるためには、まず考え方を変えましょう。考え方が変われば、行動も変わります。そして、行動が変われば結果が出ます。

第1章では「つねに一定以上の結果を出す」売れる考え方を紹介いたします。

②観察力（第2章）

観察力は、すべての販売技術の土台となるものです。私は「観察なくして販売なし」とまで考えています。その理由は……次の質問に答えてみてください。

「はたして、お客様をよく見ずに商品を提案することができるでしょうか？」

できないですよね。

お客様が見えていないのに、お客様にピッタリの商品など見つかるはずがありません。お客様をよく見ずに商品を販売しようとすることは、私にとって、「暗闇の中で周りが見えないまま、手探りでフラフラと向かっていく」というイメージです。

反対に、観察力をつけると販売が楽になります。

あっという間に販売することができます。

お客様のことが手に取るようにわかるため、望むものをピッタリ提案できるからです。

第2章では「アッという間に商品を売るための」観察方法を紹介いたします。

③アプローチ力（第3章）

アプローチは、販売員のお悩み第1位です。

お客様に声掛けして、「大丈夫です」「別に」とそっけない返事をされたり、手に取っていた商品を置いてさっと逃げられたりという経験はありませんか？

私もかつてはそうでした。

第3章では私がかつて何度も、何度も、お客様に逃げられるという失敗を繰り返した果てにたどり着いた、「お客様に逃げられない」アプローチ方法を紹介いたします。

④商品説明力（第4章）

商品説明は、販売員の腕の見せ所です。

上手な人が商品説明を行うと、お客様は食い入るように商品を見つめてすぐに購入してくださいますが、苦手な人が商品説明を行うと、お客様を混乱させ、「考えてきます」と購入せずに帰られてしまいます。

販売のプロは、どのような点に気をつけて商品の説明を行っているのでしょうか？

第4章では「お客様を惹きつける」商品説明の方法を紹介いたします。

⑤クロージング力（第5章）

第5章は、販売員の皆さんが苦手とするクロージングです。クロージングは、お客様を購入に導く押しの一手と言われていますが、多くの販売員がクロージングを苦手と答えるのは、買いたくないお客様にむりやり売りこんでいるような感覚がするからです。

確かに表面上はそう見えるかもしれません。しかし、本当に見てほしいのはお客様の「心」の動きです。

お客様は買おうかどうか迷っているだけなのです。商品を購入することで確実にお客様は幸せになれたり、悩みが解決したりします。ところが、現状を変えられないお客様がそこにいる。そうして悩んでいるお客様の、心のブレーキの外し方を紹介します。

⑥リピーター獲得力（第6章）

第6章は、商品を購入したお客様に愛され、リピーターになっていただく技術を紹介します。リピーターになっていただければ、販売員である自分のモチベーションが上がるだけでなく、お店の売上の安定につながります。

6つの力をつけた企業の売上推移

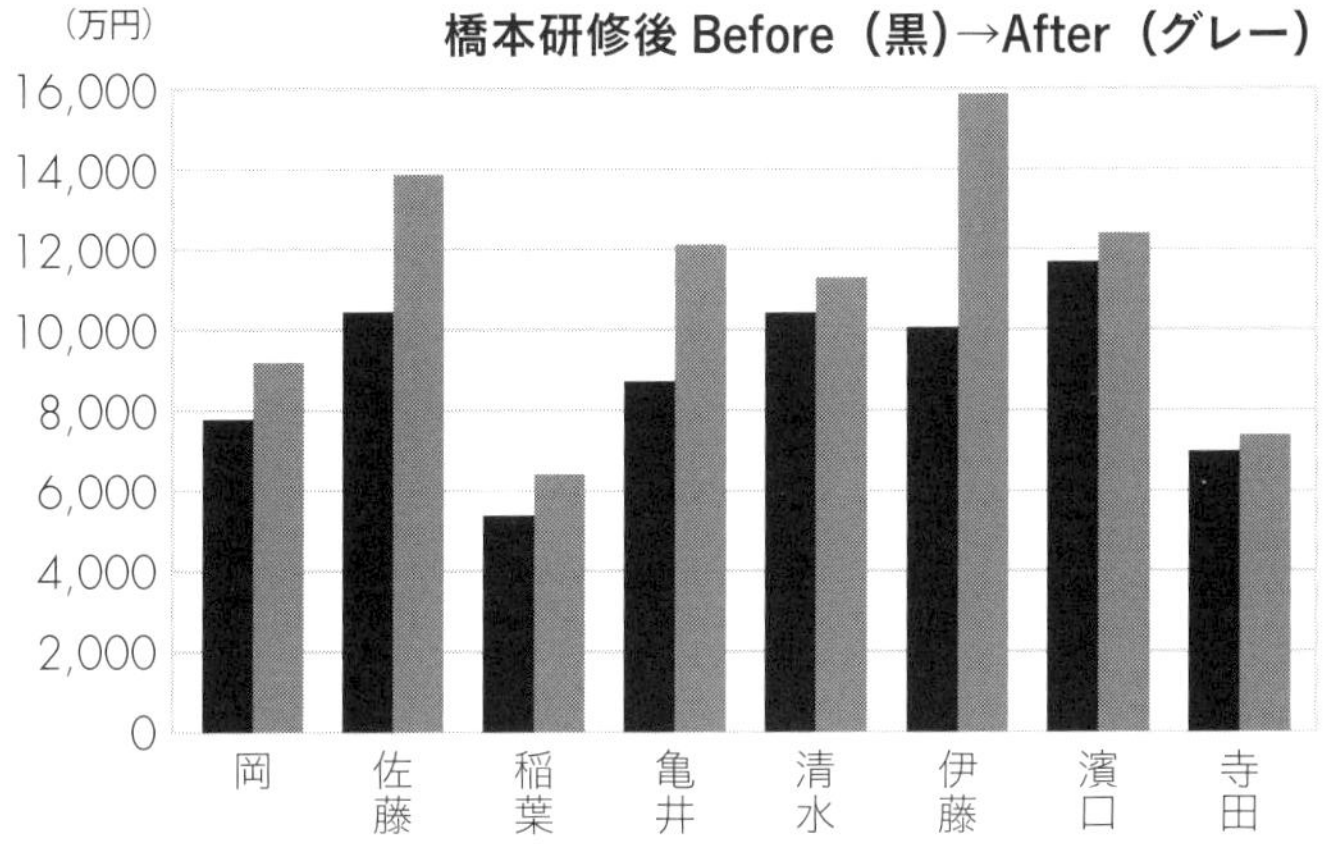

2009年

	1〜6月
岡	7,788
佐藤	10,445
稲葉	5,380
亀井	8,721
清水	10,417
伊藤	10,052
濱口	11,681
寺田	6,982

(万円)

▶

2010年

	1〜6月
岡	9,194
佐藤	13,879
稲葉	6,491
亀井	12,109
清水	11,293
伊藤	15,867
濱口	12,411
寺田	7,383

(万円)

以上の「6つの力」を習得することで、誰でも簡単に売ることができるようになります。

実際に、ごく普通の販売員が、私の「6つの力」を習得する販売研修を受講し、売上数字が上がりました。


前ページのグラフをご覧ください。

この「6つの力」を習得する販売研修は、月に1回4時間のペースでひとつずつ力を習得し、6カ月間（合計24時間）実施したものです。受講者全員が昨年の同時期よりも売上数字が上がっています。その理由は、販売員それぞれの弱点が克服されていくからです。

弱点は販売員によって異なります。

商品説明は得意だけどアプローチは苦手という人や、アプローチから商品説明まではスムーズなのにクロージングだけいつも上手くいかないという人などさまざまです。

しかし、6つの力をすべて習得すると、販売力において抜けている箇所がなくなります。誰でも苦手なところが克服され、6つのバランスが取れるようになるので、売上数字の底上げが図れるのです。

弱点には、「販売員が自覚している弱点」と「自覚していない弱点」の2通りあります。

自覚している弱点には対応可能ですが、自覚していない弱点は接客中に無意識に表れているため、「なぜかわからないけど売れない」という状態に陥りがちです。

販売上達の第一歩は、自分の弱点を正しく知ることです。

そのため、私の6つの力を習得する販売員研修では、まずチェックリストを使って自分の弱点を知ることから始めています。

この機会に、自分の弱点を見落としていないかどうかチェックしてみましょう。

あなたの販売力をチェックしましょう

それでは、商品が売れないと悩んでいる販売員の皆さんに、次のページの質問に答えていただきます。すべての質問に「YES」か「NO」で答えてみてください。「YES」は1点、「NO」は0点で、それぞれの項目で点数を出しましょう。

販売力総合チェック

売れる考え方	「同じ商品を販売しているのに、なぜ売れるときと売れないときがあるのか？」を深く考えたことはありますか？	YES・NO	点 ∨ 第1章へGO!
	「売れないのは商品のせいではない」と自信を持って言えますか？	YES・NO	
	「自分は押し売りをしていない」と自信を持って言えますか？	YES・NO	
	お客様から「なぜその商品を売っているのですか？」と聞かれて即答できますか？	YES・NO	
	スランプなんて自分にはない。いつも一定の高い結果を出すという自信はありますか？	YES・NO	
観察力	お客様の表情をしっかりと観察し、そこから喜怒哀楽を読み取ることができますか？	YES・NO	点 ∨ 第2章へGO!
	お客様の持ち物から生活環境（お客様の職業や趣味など）を想像できますか？	YES・NO	
	店全体をよく見て、状況に合わせた適切な販売行動を取ることができますか？	YES・NO	
	自然にお客様を観察するクセがついていますか？	YES・NO	
	常連のお客様が来店されたとき、小さな変化に気づくことができますか？	YES・NO	
アプローチ力	お客様に声掛けすることに心理的な抵抗はないですか？（ない場合はYES、ある場合はNO）	YES・NO	点 ∨ 第3章へGO!
	お客様に声掛けをしようとして、50%以上の確率で逃げら れていませんか？（逃げられていない場合はYES、逃げられてしまう場合はNO）	YES・NO	
	一度アプローチに失敗しても、二度目のアプローチに挑戦していますか？	YES・NO	
	お客様に声掛けするタイミングについて、自分のルールを持っていますか？	YES・NO	
	お客様のしぐさから「今は声を掛けてもいい」という無意識のサインを読み取ることができますか？	YES・NO	

商品説明力	商品の内容や特徴について聞かれたとき、90% 以上は即答することができますか?	YES・NO	点 第4章へGO!
	商品のメリットを明確にわかりやすく伝えていますか?	YES・NO	
	お客様が商品を使う場面を詳しく聞いていますか?	YES・NO	
	男性のお客様と女性のお客様とで商品の説明を変えていますか?	YES・NO	
	クロージングをかけなくても、あなたの商品説明を聞いただけで 80%以上のお客様は購入していますか?	YES・NO	
クロージング力	「クロージングとは何か?」と聞かれたら、すぐに説明することができますか?	YES・NO	点 第5章へGO!
	お客様に「値段がちょっと高い」と言われたら、値段の理由を説明できますか?	YES・NO	
	お客様の「値段がちょっと高い」という言葉への対処法や切り返しトークを、3パターン以上持っていますか?	YES・NO	
	お客様によってクロージング方法を変えることができますか?	YES・NO	
	クロージングが好きですか?	YES・NO	
リピーター獲得力	あなたの会社にとって、リピーターが必要な理由を3つ以上言えますか?	YES・NO	点 第6章へGO!
	リピーターになっていただく一言を、接客中にお客様に伝えていますか?	YES・NO	
	お客様から「あなたはよく私の要望を聞いてくれる」とほめられたことはありますか?	YES・NO	
	お客様から悩みを聞き出していますか?	YES・NO	
	「あなたから買いたい」と1ヶ月に3人以上のお客様に言われますか?	YES・NO	

販売力綜合得点　点／50点中

それぞれの項目で点数をつけたら、左ページのチャートに記入してみましょう。あなたの売れる力（販売力）の強みと弱みがひと目でわかります。強みのある章は読み飛ばしていただいてもかまいません。まずは自分の弱みがある章から読んで、それから全体を読むという方法もいいでしょう。

「経験が長いのに売れない販売員」にならないために

22ページの図は、販売員で一番多いパターンです。アプローチはそこそこうまくいきますが、商品説明をいくらしてもクロージング力がないため、購入に至りません。
また、「売れる考え方」をしっかり持っていないので、目的を持たず、なんとなく売り場に立っている状態。そのため、売上も低めです。

自分の弱点が何なのかを知り、販売力を強化しないと、いつまでたっても販売力は伸びません。ただ時間だけが過ぎていき、気がつくと10年たっていたという人、「経験が長いのに売れない販売員」というレッテルを貼られてしまった人を、私はたくさん見てきまし

橋本式売れる接客方程式®販売力チェックシート

約10年間の販売人生で、「売れる人と売れない人の違い」を研究してきましたが、売上がよく毎日楽しく接客をしている人は、6つの力をしっかり持っていることがわかりました。

あなたの点数をチャートに書き入れてみてください。私の研修でやってもらうと、売上成績がいい人ほど、正六角形に近づきます。

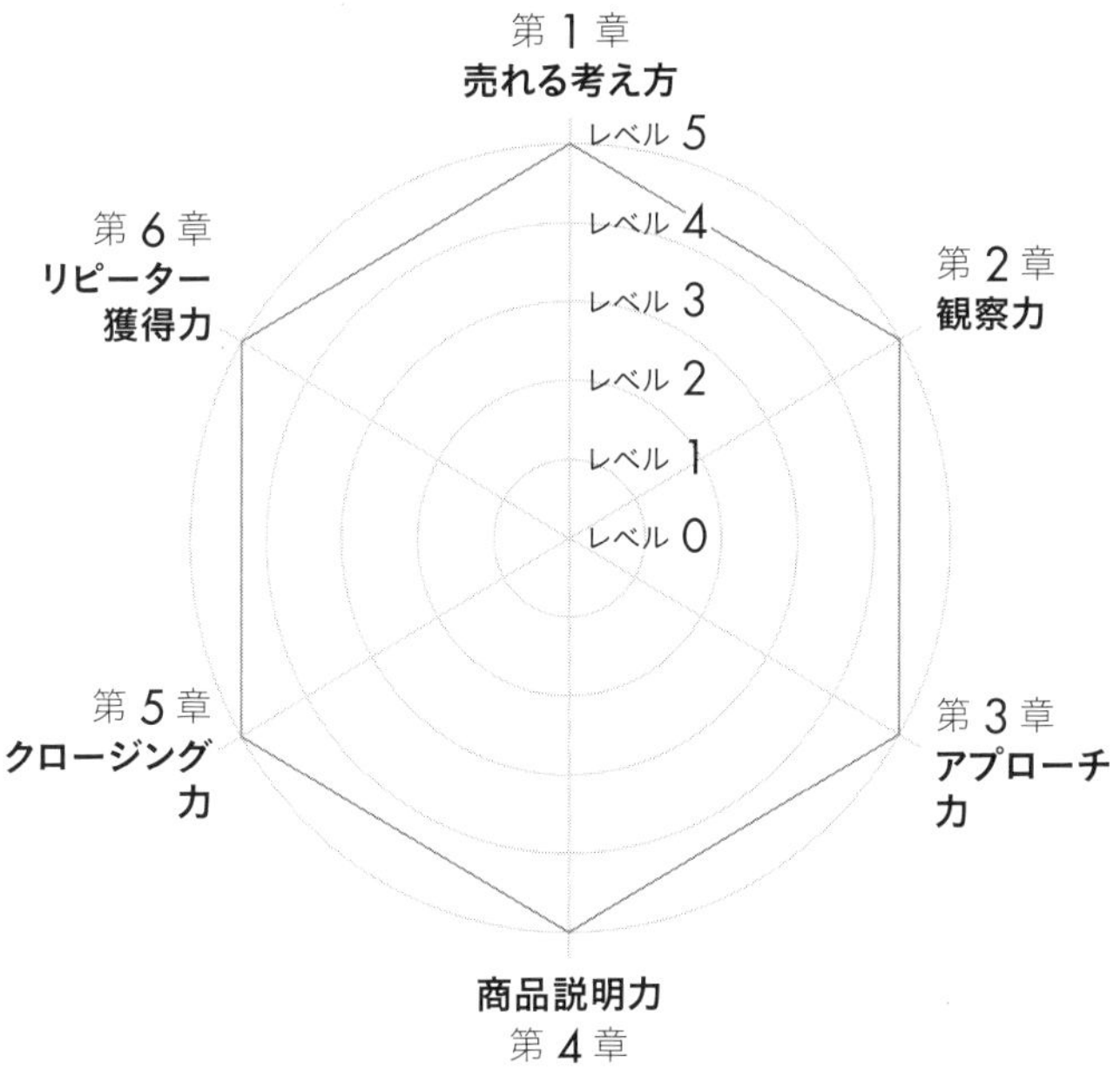

一番多い販売員のパターン

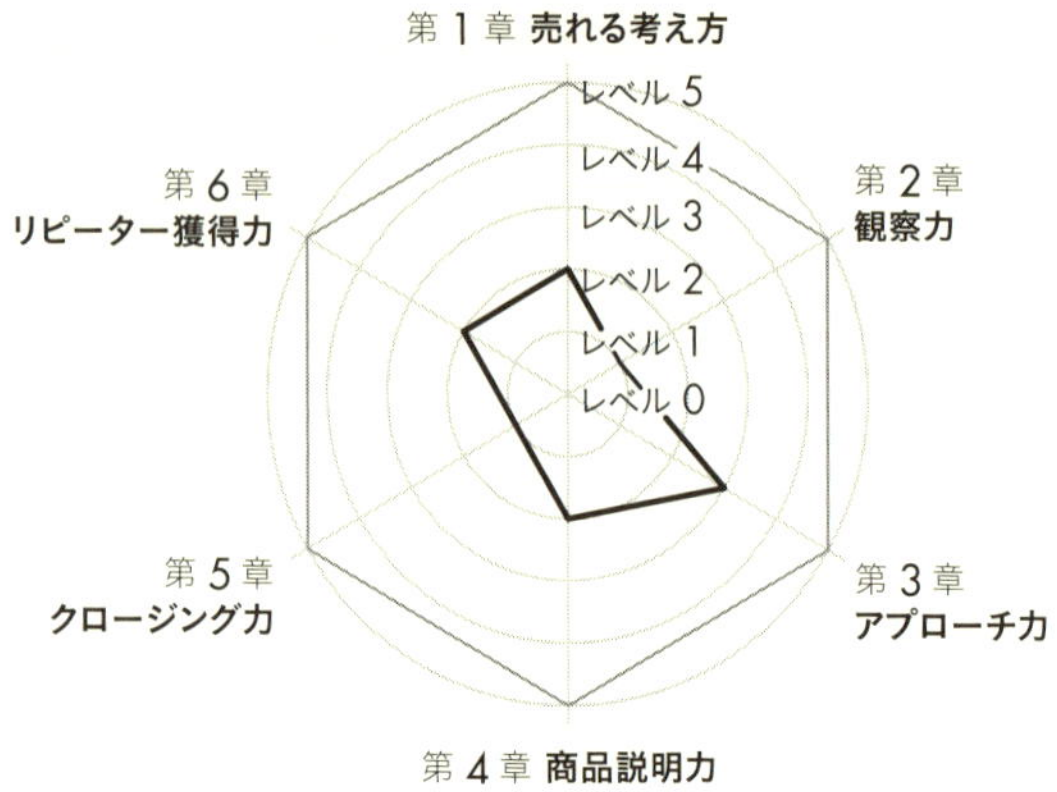

た。

また、本部マネージャーや店長は、販売力チェックシートを使って店舗の販売員の強みと弱みを一人ひとりしっかりと把握し、人材教育をする必要があります。

本書は、どこから読んでも役立つように構成しています。ぜひ皆さんの販売力向上のために役立ててください。

私の願いは、一人でも多くの販売員に、「売れない」という壁を乗り越えて、仕事の楽しさに気づいてもらうこと。そして、お客様とのやり取りを心から楽しんでもらうことです。

そのためには、まずは販売員という存在

が、どのような存在なのか、そして社会的にどのような役割があるのかを知ることがとても大切です。そのことを、第1章でお話ししたいと思います。

では、皆さんが幸せになるための1ページをさっそく開いてみましょう。

誰でもアッという間に
不思議なくらい商品が
売れる販売員の法則

目　次

第1章

売れる販売員 売れる考え方の法則

商品を売るのではなく、商品の価値を伝える！

第2章

売れる販売員 観察の法則

お客様と話して三流 質問して二流 観察して一流

第3章 売れる販売員アプローチ（声掛け）の法則

プロはお客様に逃げられない！

第4章

売れる販売員 商品説明の法則

プロは商品の説明だけをしていない！

第5章 売れる販売員クロージングの法則

売れる販売員はクロージングが大好きである

第6章 売れる販売員 リピーター獲得の法則

接客とは自分のお客様をつくること

第1章

売れる販売員

売れる考え方の法則

商品を
売るのではなく、
商品の価値を
伝える!

法則1

販売員は商品の最終ランナーである

販売研修の現場で、「販売員の存在理由って何ですか？」と聞かれることがあります。普通に考えれば、販売員は商品というモノを売る人だと思うでしょう。しかし、私はこう答えます。

「販売員は、商品の最終ランナーです」

どういうことか、疑問を持つ人がいるかもしれません。

ちょっと考えてみてください。ひとつの商品が店舗に届くまでに、どれだけの人が関わっているでしょうか？

野菜ジュースひとつとっても、1人ですべてできるということはないでしょう。原料の野菜を作る人たちがいて、それを加工する人たちがいる。よりおいしい味にするために一生懸命開発をしている人たちがいます。商品の認知度を高める商品名やパッケージのデザインを考える人がいて、梱包したり検品したりする人たちもいる。最終的にトラックの運転手さんによってお店に運ばれて、販売に至るわけです。

さまざまな人たちの汗と涙の結晶である商品が、お客様に買ってもらえるか、もらえないかは、販売員の腕次第なのです。だからこそ、販売員は商品の最終ランナーといえるのです。営業や販売という仕事は、私たちが思っている以上に、社会の中で重要なポジションなのです。

販売の仕事を一度辞めて気づいたこと

私が今、このように感じるのは、私自身が販売という仕事にほとほと嫌気がさして、辞めてしまったことがあるからです。販売員を始めて5年目のことでした。

辞める前は、仕事が終わってから喫茶店に行き、毎日のように考え込んでいました。「お客様に押し売りしているのではないか？」と罪悪感が心から離れず、売れば売るほど、むなしくなったのです。本当に販売が嫌になってしまったのです。

「なんで販売員辞めんの?! もう少し頑張ろうよ」と周囲が引き留めるのを振り切って販売の仕事を辞めたあとは、朝から夕方まではファミリーレストランで、夜は居酒屋でと2つのアルバイトを掛け持ちして働いていました。

ある日、ファミレスの勤務が終わった後、大阪の一番の繁華街である梅田のコンビニに立ち寄りました。そのときは非常に疲れていて、小さい頃から好きだったシュークリームが欲しくなったのです。

勤務前の居酒屋の休憩室でシュークリームにかぶりついた瞬間、ふと思いました。

「シュークリームって100円なのに、何でこんなにおいしいんやろ？ 私には作れんなぁ」

すると、そこから堰《せき》を切ったように想像が広がったのです。

「もし、私が同じものを作るとしたら、まず、牛を飼って、牛乳を搾って……、鶏も飼って、卵も作って、小麦粉を作るために、小麦を育てて、他にも。いやいや、その前に牧場を持たないとアカン……一体いくら掛かるやろ？　莫大な費用と年月が必要やなぁ」

さんざん想像を繰り広げた結果、私には作れないということを痛感しました。１００円のシュークリーム1個に、莫大なお金、時間、農家や製造した人の苦労が詰まっているとわかり、手に持ったシュークリームの重みを感じました。あらためて商品に感動しました。

そのとき、私にできることは何かと考えました。そして、私にはこの商品と同じ物を作ることはできないけれども、この商品のよさを伝えることならできると気がついたのです。

「そうか、私は売らせてもらっていたんだ！」

このことに気づいて、私は販売員に戻りました。そこからは、迷わずプロの販売員として仕事を続け、多くの人から「何でも売れるカリスマ販売員」として認めてもらえるようになりました。

お客様の手に届けられるのはあなたしかいない

一般的な商品の製造・流通

原料製造 ＞ 開発 ＞ 製品製造 ＞ 検品 ＞ 梱包 ＞ 出荷 ＞ 運送 ＞ **販売** 消費者の元へ

▶ **店舗に届くまでにたくさんの人が関わっている。販売をあきらめてはいけない！**

テレビにも出演し注目されるようになりましたが、その根底にあるのは、自分が持っていない才能を尊重するということ。そして、他の人が一生懸命生み出してくれた物を伝えようという使命感です。

　みなさんも、自分が売らせてもらっている商品の背景を想像してみると、今日から販売に対する気持ちが変わるはずです。

法則2

売ろうとせず、商品を伝える

「本日の講師は、売れる売れる研究所の橋本和恵先生です。では、みなさん盛大な拍手でお迎えください！」と講演で紹介されて開口一番、私が言うのは、

「皆さん、売らないでください！」

です。

売れる売れる研究所と言いながら「売らないで」ってどういうことでしょうね（笑）。

実は、「売らないほうが『売れる』」のです。「売ろう」とせず、「商品を伝える」ことを心がけることで誰でも売れていきます。

「売ろう」というのは、販売側の目線です。ノルマもそうですね。販売側の目線にしか立っていないので、「売ろう」という気配がお客様に伝わってしまっているのです。だから、お客様に近づけば逃げられてしまいますし、お客様が黙り込んだときに何も話せなくなる

のです。

お客様の視点に立つことができれば、お客様に逃げられることはありませんし、お客様が黙り込んだときに、出てくる言葉も変わってきます。そこで初めて商品が売れるのです。

多くの販売員は、「売れない」ことをとても恐れています。だから「商品の価値」を伝える前に、高いか安いかという「商品の価格」を伝えようとするのです。自分が欲しくないものを売りつけているという罪悪感をどこかに持っているから、価格が安ければいいだろうと値引きをしてしまうのです。

しかし、それではいつまでたっても売れるようにはなりません。セールのときには売る気になるけれども、セール以外では売る気になれない。そんな販売員になってしまいます。それでは、売れないという悩みは解消しません。

あなたが本当に売りたいと思うのであれば、お客様に価格をお伝えするのではなく、価値をお伝えするようにしてください。そうすれば、「売れる」ようになります。価値の伝え方は第4章で説明します。

法則3

商品の価値は、商品の知識ではない

では、お客様に商品の価値をお伝えするには、どうすればいいでしょうか。

ここが間違いやすいところなのですが、商品の価値は、商品の知識ではありません。一生懸命、商品知識を話しても、それは販売側の都合に過ぎません。

お客様にとっての商品の価値と、商品の知識は、まったくの別物なのです。

たとえば、携帯電話やテレビなど高機能商品の知識をどれだけ覚えて伝えようとしても、お客様にとって最終的にその商品がどのような価値を持つのかが伝わらなければ、買っていただけません。

商品知識とは別に、お客様にとっての商品の価値をお伝えしなければいけないのです。

その商品の価値を見出すために、私が行っていることがあります。

それは、「今、自分が売ろうとしているこの商品が世の中になかったら、どんなことが起きるのか？」を考えるということです。

私はこれを、３段階に分けて考えています。


第１段階では、「その商品が、世の中になかったら困ること」を考えます。


保温性に優れた洋服で考えてみましょう。まず思いつくのは、

「この商品がなかったら、外で仕事をしている人は、寒くて凍えてしまうかもしれない」

ということです。

これぐらいは、誰でも思いつくことです。さらに深く考えなければ、お客様にとっての本当の価値を見出すことはできません。


第２段階では、「その商品が、世の中になかったら、もっと困ること」を考えます。


たとえば、保温性に優れた洋服がなくてもっと困ることは、

「寒さが原因で、腰痛になったり、風邪をひいてしまったりする」

ということです。

ここまで考える人はあまりいないと思います。しかし、売れる販売員になるためには、さらに深く考える必要があります。

第3段階では、「その商品が世の中にないことで起こる最悪の出来事」を考えます。

たとえば、保温性に優れた洋服がなかったら、

「腰痛になって病院に行くことになって、ムダな出費が増える」

その商品がないことで起こる最悪なパターンまで考えてみると、その商品の存在のありがたみがわかるとともに、商品の本当の価値を見出せるのです。ここまで考えれば、お客様に押し売りをしているという気持ちはなくなるのではないでしょうか。

商品の価値を考えるときには、徹底的にお客様の視点に立つ。そうすることで、本当に「売れる」販売員になることができるのです。

商品の「本当の価値」までさかのぼって考える

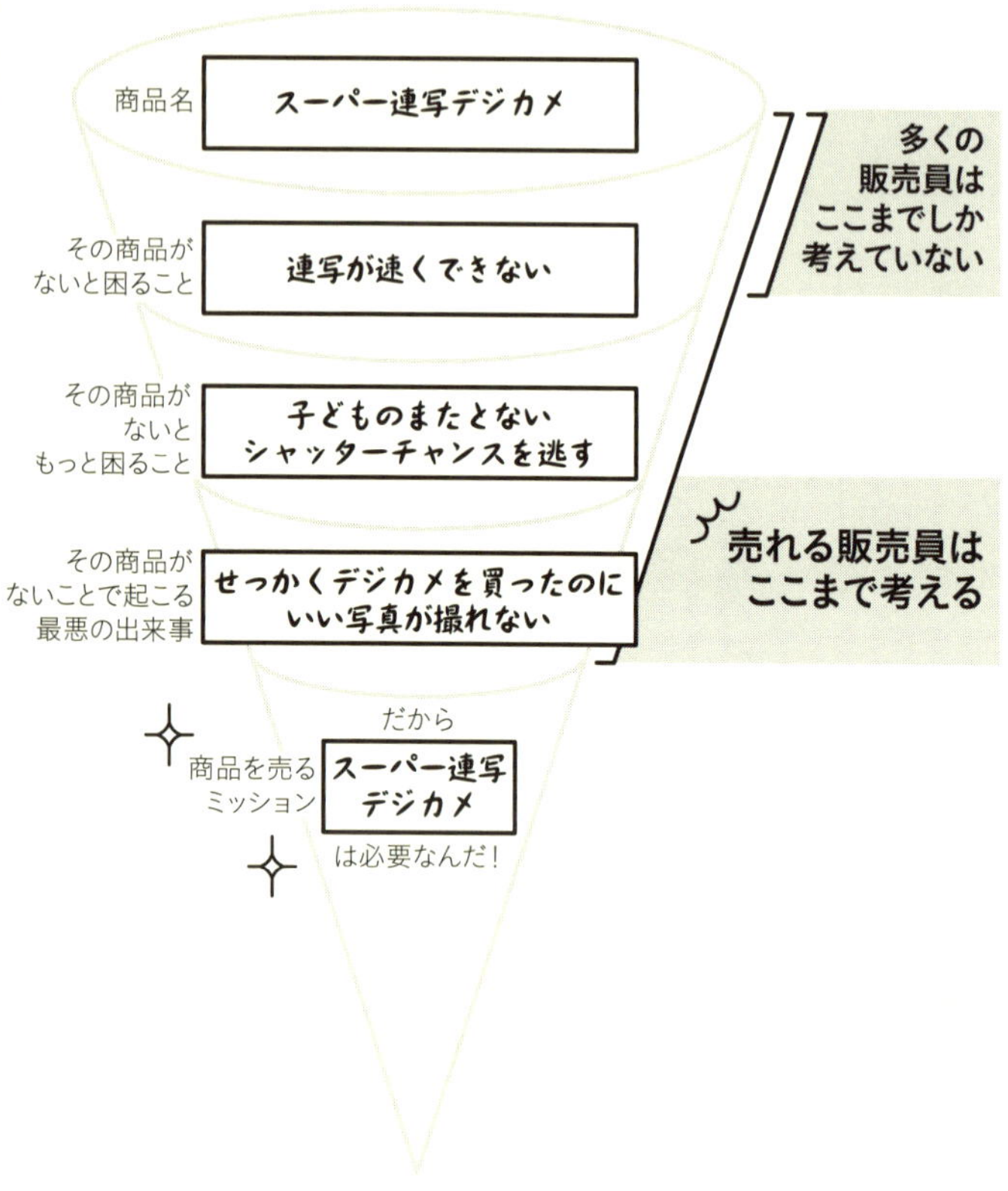
商品名
スーパー連写デジカメ
その商品がないと困ること
連写が速くできない
その商品がないともっと困ること
子どものまたとないシャッターチャンスを逃す
その商品がないことで起こる最悪の出来事
せっかくデジカメを買ったのにいい写真が撮れない
多くの販売員はここまでしか考えていない
売れる販売員はここまで考える
だから
商品を売るミッション
スーパー連写デジカメ
は必要なんだ!

あなたが売っている商品の「本当の価値」を考えましょう

商品名

その商品が
ないと困ること

その商品が
ないと
もっと困ること

その商品が
ないことで起こる
最悪の出来事

だから

商品を売る
ミッション

は必要なんだ！

法則4

販売に「自分の価値観」を入れてはいけない

皆さんは、嫌いな商品を売ることができますか？

私は販売研修で、若い販売員に向かっていつもこの質問をします。すると10人に8人は、「自分の嫌いな商品を売ることはできません」と言います。

「私は売りますよ」と言うと、「嫌いな商品を売るなんて、橋本さんは魂まで売っているんですか？」とみなさんムキになって反論するのです。

もちろん、魂を売っているわけではありません（笑）。

「販売においては、自分の価値観を入れてはいけない」

ということをお伝えしたいのです。

なぜ、自分の価値観を入れて販売してはいけないのでしょうか。

自分の価値観を入れるということは、逆を言えばお客様の価値観を切り捨てるということです。

よく考えてください。**商品の代金は、一体誰が出しますか？** もちろん、お客様ですね。だから、お客様の価値観が最も重要なのです。販売員の価値観を入れてはいけないのは、そういう理由なのです。

もう少し具体的に話します。あなたがイタリアンレストランに行ったとしましょう。店員さんがやってきたので、注文をします。

店員「何になさいますか？」

あなた「たらこパスタをお願いします」

店員「えっ、お客様。たらこをお召し上がりになる……。私はミートソーススパゲティがいいと思うんですけどねえ。たらこなんてやめて、ミートソースにしましょう。ミートソースひとつ！」

あなた「……」

販売員の価値観を入れるというのは、この会話ぐらい、おかしなことをしているということなのです。自分が嫌いな商品でも、販売することができる。それが、売れる販売員です。

美容家のＩＫＫＯさんは、18歳で専門学校を卒業して美容室に就職した際、店長からこう言われたそうです。

「自分の価値観を捨てろ」

10代の若者の価値観では商売はできない。自分の価値観を捨てて、お客様から吸収するほうが技術に幅がでるからだそうですが、同じようなことが販売員にも言えると思います。

私は化粧品の販売もしています。超敏感肌で合わない化粧品も多いのですが、自分の肌に合わないからといって、その化粧品を嫌いになったり、売らないということはありません。商品自体は悪いものではありませんし、その化粧品が合うお客様もいるからです。

自分が嫌いだから、自分には合わないからといって、商品を売ることを放棄してはいけません。それはお客様に対しても失礼ですし、最終ランナーとしての販売員の義務も果たしていないことになるのです。

法則5

販売は実験。やればやるだけ成功体験が増える

売れないことや、お客様に拒絶されることを恐れる販売員はとても多いです。しかし、だからといってお客様に話しかけなければ、いつまでたっても自分の販売力を上げることはできません。

お客様の反応は十人十色です。販売員がしたことに良い反応が返ってくることもあれば、一生懸命やったのに無視されてしまうこともあります。でもそれは、どんなベテラン販売員でも経験することです。

だから、自分の販売力を磨くには、トライ&エラーの繰り返しで身につけていくしかありません。つまり、「販売は実験」なのです。私はこれまで500回以上、店頭で販売実験を行ってきました。

実験を通して、掛ける言葉で売れ行きが大きく変わるのがわかりました。たとえば、お

客様が口紅をつけたときに、**「おキレイですね」「とってもお似合いになりますよ」という言葉よりも、「上品ですね」という言葉をかけたほうが、売上が3倍以上、増えました。**それだけではありません。同じことを私の研修を受講した化粧品の販売員にしてもらったら、同じように売上が伸びたのです。

もちろん、失敗もかなりの数に上ります。大失敗だったのは、髪の毛の色を変える実験をしたときに経験した、金髪です。このときはお客様ばかりか、他のスタッフまで寄り付かないという最悪の結果になってしまいました。20色以上試してみて、一番売上がよかった色は、濃いめの茶色でした。男性に実験してもらったところ、こちらは黒髪が売上が良かったです。誠実に見えるからでしょう。

このひとつの答えを出すために、20色以上、何らかの形で失敗しているのです。しかし、それだけ失敗をしているので、今のスタイルが成功率が高いという自信もつきました。

実験のポイントは、意識的にやることです。何が成功したのか、何が失敗したのか、意識してやるのとそうでないのとでは、まったく意味が違いますし、販売力向上のスピードも違います。

さらに、トライ&エラーの回数は、多ければ多いほど効果が上がります。回数が多ければ、それだけ成功した方法が身につきます。数が少なければ、成功法則はほとんど身につきません。

もちろん、クレームに発展するような実験は止めるべきですが、それ以外はあまり深く考えずに、とにかく実行することです。

売れる体験は、10回やって3回の割合で訪れることが私の体験的にわかっています。

たとえば、ここにAさんとBさんという2人の販売員がいるとしましょう。私と同じ確率ではないにしても、何らかの結果が出ます。

たとえばAさんは100回実験を繰り返した結果、30回成功し、30個の成功法則を身につけることができました。一方Bさんは、10回しか実験していないので身についた成功法則は3個だけです。

30個の成功体験を持っているAさんと、3個の成功体験しか持っていないBさんでは、あきらかにAさんのほうが売上は上がるでしょう。

実験の数だけ成功体験が増える

現場でどれだけ試すかがカギです。
3 年後のふたりの人生…

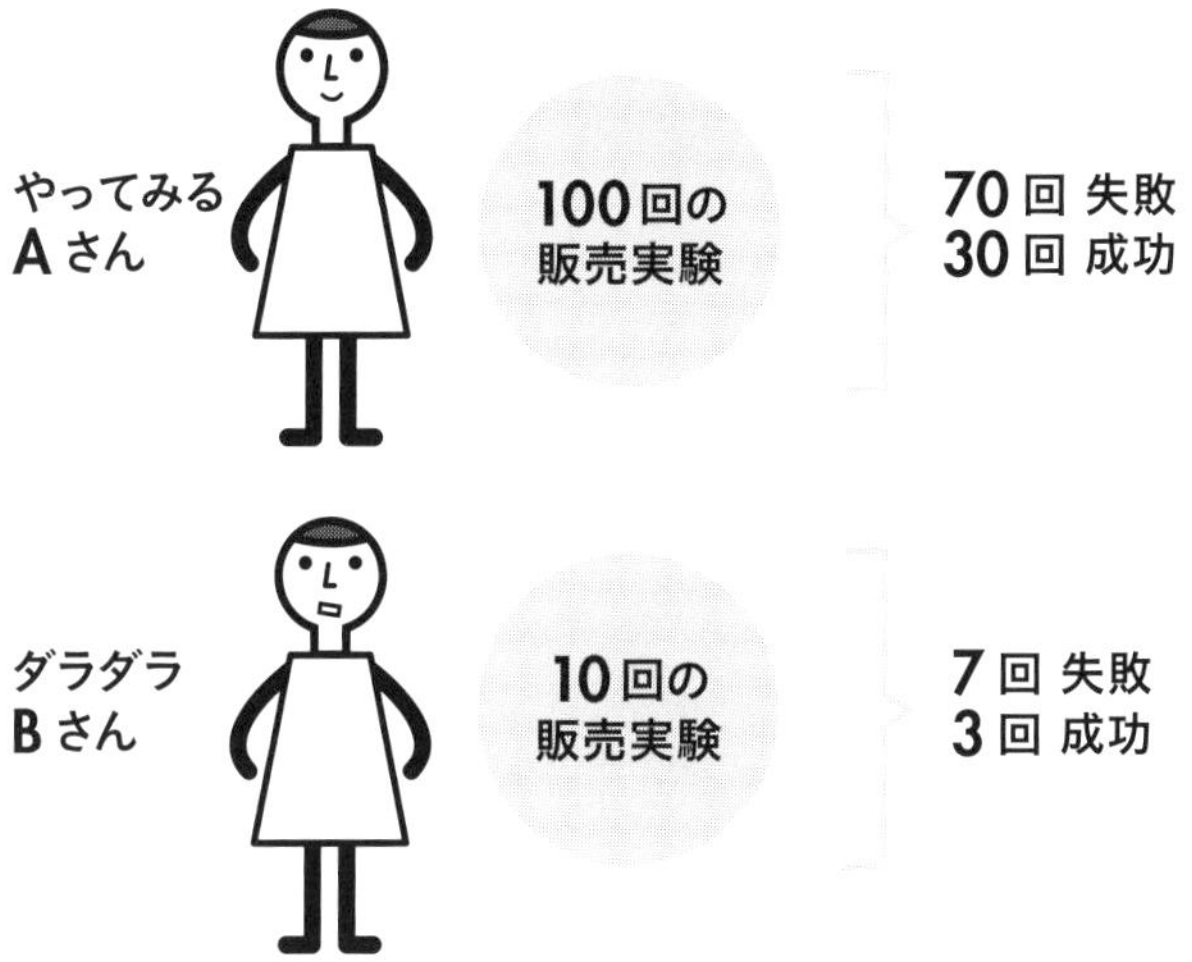

▼

どちらが不況になっても

強いと思いますか？

結局、現在のような不況のときに生き残れるのは、成功体験の数が多い人なのです。ですからみなさんには、成功体験を数多く身につけて欲しいのです。

自分の中に正解はありません。お客様が出した答えが正解なのです。

実験ととらえれば、落ち込むこともなくなる

自分で最初から、こんなのダメに決まっていると判断せずに、トライ&エラーを繰り返してみることが販売力の向上につながります。

また、実験という考え方を取り入れることは、販売を続けるモチベーション維持にもなります。

販売員は、売れないと、売れなかった事実にずーっと引きずられてしまう傾向があります。自分は販売員に向いていないと考えるようになり、深く悩む人も少なくありません。

しかし、販売は実験だと考えることで、売れない事実があったとしても「今回の実験がうまくいかなかっただけ」と、自分を責めず前向きに販売に取り組むことができます。

法則6

「なぜ売れないか」を考えるクセをつける

販売は実験の繰り返しですが、何も検証せずにただ実験しているだけではいけません。なぜその方法が失敗したのか、または成功したのかをきちんと分析しなければ、自分の販売技術にすることはできません。

たとえば、お客様が商品を身につけたときに、あなたが発する言葉によって反応がまったく違っていたとしましょう。まずはこのことに気づくことが大切です。ここで、「なぜ反応が違うのか」と疑問を持っていただきたい。

そのうえで、問題点を明らかにして、それに対応する解決策を考えてみます。「何と言うと効果的か」の実験のはじまりです。「お似合いですよ」と言ったらどうか、「かっこいい」と言ったらどうか。それぞれの結果を記録しておきましょう。

私はこの記録のためにホワイトボードを活用しています。毎日、自宅に帰ったら問題点を把握して、その効果を検討するために記録しておくのです。

　問題点を頭の中でもやもやと考えていても答えは出ません。自分が不安や不満に思っていることを書き出してみると、意外と簡単に解決方法が見つかるものです。不安や不満は、そのままにしておく方が問題です。

　たとえば、販売のプロセスに従って、自分の強みや弱みを書いていくというのもいいでしょう。「商品説明は得意だけど、アプローチが下手」「アプローチは得意だけど、クロージングは苦手」などと書き出してみて、アプローチやクロージングがなぜ下手なのか、問題点を書いていくと解決法が見つかりやすいのです。


　バブル時代のように、黙っていても商品が売れるときならいいでしょうが、自分が不得意な分野を放置しておくと、今のような厳しい時代では生き残ることができません。

　自分の総合的な販売力を鍛えるためにも、問題点の把握はぜひとも必要です。そして、そのことがわ

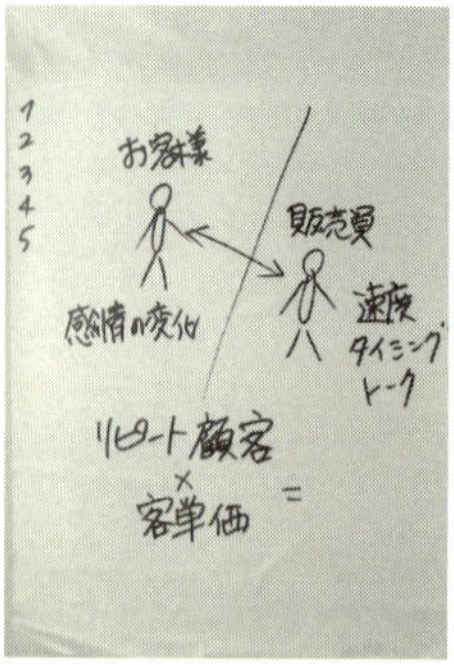

ホワイトボードに疑問点を書いて、いつも目に入るようにしておく

かれば、売れないのを商品のせいにするという悪いクセもなくなることでしょう。

ちなみに私は、以前は会議室にあるような巨大なホワイトボードを自宅に置いていましたが、引っ越しの際に部屋に入れることができず、今は壁にかけられるシート式ホワイトボードを使用しています。

シート式ホワイトボートを次に３つ挙げておきます。よかったらお試しください。

「コーワライティングシート」（光和インターナショナル）

http://www.kowacorp.jp/media/writingsheet.html

「セーラーどこでもシート」（セーラー万年筆）

http://sailorshop.jp/SHOP/31-3800-000.html

「ライティングマグネットシート」（ライオン事務器）

http://www.lion-jimuki.co.jp/products/introduction/rotyo/list2.html

法則7

スランプのときこそ「販売が好き」と宣言する

今でこそ私はプロの販売員として活躍させていただいていますが、新人時代は商品が売れずによく泣いていました。

上司に電話で退店報告をしながら、「今日もマネージャーに『なぜ売れないんだ！』と怒鳴られました」と、悔しくて泣きながら報告したことも何度もあります。大量の涙を流しながら報告するので、涙で携帯電話が水没故障してしまったこともあるぐらいです。

そんな私も3年ぐらい経つと、ようやく売れるようになってきました。しかし、調子が良い週と悪い週があって時々、スランプに陥るのです。その時はまだホワイトボードに問題点を書いて分析はしていなかったので、「一体、なぜ売れるのか」そして「なぜ売れないのか」がわかりませんでした。

商品を「この子」と言う販売員

そんなときに出会ったのが、商品のことを「この子」と言う若い販売員です。彼女はとても嬉しそうに、商品を両手で持ち、まるで我が子のように大切に扱います。そして、お客様からもかわいがられていました。接客してほしいと次々と指名されるのです。彼女は20歳という若さにもかかわらず、ものすごい売上を誇る販売員でした。

心底感心した私は、彼女のしぐさをマネしてみることにしました。すると不思議と商品が売れるようになったのです。私は彼女から「商品を大切に思う気持ち」を改めて学びました。恐らく彼女は、商品を大切に思う気持ちが全身からにじみ出ていて、それがお客様にも伝わったのでしょう。

もし、あなたがスランプに陥ったら、「私はこの商品の販売に携わるのが大好きなんです」と笑顔でお客様に宣言してみましょう。そうすればきっと、スランプから脱することができるはずです。

自分のセールストークを録音しよう

皆さんは、自分のセールストークを録音していますか？

自分の声を改めて聞くのはとても恥ずかしいですし、セールストークはその場その場で異なるものだから、改めて聞いても意味がないのでは、と考える人がいるかもしれません。しかし、自分のセールストークを録音して聞くことが、販売力の飛躍的な向上につながるのです。

私も、はじめは自分のセールストークを録音するなんて考えてもいませんでした。

ところが、販売を始めて1年くらい経ったとき、「なぜ、売れないのか？」「なぜ同じ商品なのに、売れるときと売れないときがあるのか？」と悩むようになりました。その後、さらに1年間、この問いに向き合いました。

その苦しい日々のなかでひらめいたのが、自分の接客音声やセールストークを録音して、売れるパターンと売れないパターンを検証してみれば、ヒントが見つかるかもしれないということでした。

当時はICレコーダーのような小型の録音機器はなかったので、大きなテープレコーダーをエプロンのポケットに入れて、お客様とのやりとりを録音するようになりました。

エプロンのポケットが大きく膨らんでいたので、先輩や同僚には「橋本さん、ポケットに何入れてるの？」と聞かれ、何ヶ月もそれを続けたので、しまいには「また録ってるの？」と言われるほどでした。

退店後は喫茶店に直行し、たまったテープを聞いて、ノートに書き起こします。そこで自分のセールストークにダメ出しをするのです。

「このトークでは欲しくならないなぁ」

「これじゃ早口すぎて頭に入ってこない！」

「このトークだったら、欲しくなる！　いいねえ！」

テープレコーダーは嘘をつきません（笑）。ありのままが再生されるので、受け入れるしかないのです。

こうして、売れないセールストークと売れるセールストークを書き起こして、売れるセールストークのパターンを分析していきました。

「どこでお客様は購買意欲を失ったのか？　どこで購買意欲が高まったのか？」これを考え続けました。

5年もこの生活を続けた頃、次第に結果が出るようになりました。現在、私は35歳なのですが、「接客の先生」と呼んでいただけるようになり、接客の先生としては、どの企業様に行っても「若い」と言われます。一般的には接客の先生は40歳を超えている方がほとんどだからです。こうして早くに結果が出たのは、録音したおかげと考えています。

録音していたとき、私はPDCAサイクルという言葉を知らなかったのですが、無意識に同様のことを行っていました。「作戦を立て（Plan）、実行し（Do）、振り返り（Check）、改善する（Act）」。この一連の流れを何度も繰り返しました。

現場で話しているときは、目の前のお客様に一生懸命です。そのため、何を話していたのか覚えていないものです。しかし、自分の弱点はお客様の前に出ています。ICレコーダーはありのままの自分を教えてくれるので、これを活用して自分を正確に見つめることが、販売上達の第一歩になるのです。

録音テープには思わぬ副産物がありました。上司に怒られたときや売れないときなど、気分が落ち込んでいるときに、昔、録音した接客音声を聞き直してみるのです。5年前のテープを聞くと「ああ、私はこの頃より成長したなぁ」と感じます。そして、「もうちょっと頑張ってみよう」と思えます。過去の自分に励まされるのです。

「自分を励ますのは過去の自分である」

販売員生活から得た気づきが、今も私の人生の教訓となっています。

※録音した音声にお客様の住所や電話番号などの個人情報が入っている場合、第三者に漏えいしないよう、取り扱いには十分注意しましょう。

売れる販売員

第2章 観察の法則

お客様と
話して三流
質問して二流
観察して一流

法則1

観察力をつければ、見るだけで「買う人」がわかる

お客様が商品を買ってくださるかどうかは、商品説明やクロージングで決まる、と考えている販売員が多いのですが、私はそうは思いません。勝負は、声掛けの前から決まっていることもあります。

クロージングは、販売のプロセス全体から見ると、最後のひと押しに過ぎません。

商品を購入してくれそうなお客様を見抜いてアプローチすることで、売上を着実に上げることができるのです。

お客様を見抜く際に必要なのが、「観察力」です。プロの販売員は、誰もが優れた観察力を持っています。

あなたの観察力が優れていれば、お客様の心の状態が手に取るようにわかります。そうなると、アプローチの方法が大きく変わってきます。お客様の悩みを汲み取ることができ

ますし、会話もはずみます。もちろん、お客様にお伝えする商品の内容も変わってくるでしょう。

表面的な商品知識を伝えるのではなく、お客様の悩みを解決するための「商品の価値」を提案することができるので、売上も自然と上がって行くのです。

これだけ観察力を重要視するのは、私がもともと陶芸家であったということが一因かもしれません。実は陶芸家を目指したのは、幼い頃から一人で絵を描くのが大好きで、人が苦手だったからです。

そんな私が販売という、人とコミュニケーションを取る仕事で売上を上げる方法を考えて行き着いたのが、観察力を鍛えることでした。観察力を鍛えれば、お客様の悩んでいることがわかるので、とんちんかんなことを言って嫌がられることもない。お客様に断られることも少ない。人が苦手な私でも、最短距離で売上を上げられる。そう考えて、観察力を鍛えるための勉強と訓練をスタートさせたのです。

芸人の観察力に学べ

観察力を身につけているのは、何も販売員だけではありません。コミュニケーションのプロである芸人の皆さんも、観察力に優れた人が多いです。

私は『行列のできる芸能人通販王決定戦』というテレビ番組に、通販コンサルタントとして出演させていただく機会が何度かありました。そこで知ったのが、売れっ子の芸人の方は、観察力がとても高いということでした。

なかでもＭＣを務めている東野幸治さんは、観察力を駆使して進行されていました。芸人さんやタレント、モデルの方に話を振っていくのですが、この人はこの話に詳しいだろうとか、この人は今しゃべりたそうだということを的確に見抜いて、話を振り、番組を盛り上げているのです。

観察力はすなわち、相手の立場に立つこと。ですから、観察力を鍛えると、アプローチも相手に合わせてスムーズに行えるようになるのです。

法則2

お金持ちは歩き方が違う

アプローチの際、そのお客様がどのくらいお金を使ってくれそうか予測しながら、アプローチを掛けていますか？

それを考えずにアプローチを掛けているとしたら、皆さんは売れるチャンスをみすみす逃してしまっている、と言っても過言ではありません。なぜなら、時間帯によって、お客様の予算はまるで異なってくるからです。

朝10時の百貨店。開店早々、ゴールドカードを持ってお買い物を楽しんでいる方をよくお見かけします。

私は彼らを「ミスター／ミセス・ゴールデン」と呼んでいます。彼らの多くは地元の富裕層で、土地をたくさん持っていたり、会社を経営していたりします。

彼らの外見は様々です。見るからにお金持ちという人もいれば、ボロボロの服を着ている方もいます。あるお金持ちの知人男性は、10年間同じポロシャツを着て、水筒をつねに持ち歩いています。前歯が数本ないのですが、前歯を入れるとお金持ちに見えるから嫌だと言って、きれいとは言いづらい外見を貫き通しています。

お金持ちかどうかは身なりからは判断しにくい。では、どこを見るかというと、歩き方です。**平日の午前中に、個別の商品ではなく店内全体を見渡しながらゆったりと歩いている人がいたら、お金持ちである可能性が高いといえます。**

なぜこのような歩き方になるかと言うと、商品の原価や利益を計算するのがクセで「この店には従業員が6人いる。商品の原価はこれくらいで、家賃がこれくらい。だから残った利益は……」などと考えながら歩いていらっしゃるからだそうです。

私は、朝にゆっくり店内を見ているお客様を見かけたら、絶対に声掛けをするようにしています。彼らは購入してくれる単位が違います。1個、2個ではありません。箱単位でご購入いただける場合も少なくはありません。ある日などは、売上の7割を午前中に達成したことがあります。

売れないと嘆いている販売員に限って、貴重な午前中を品出しに費《つい》やし過ぎてしまい、販売しない傾向が強いです。朝に弱いという販売員も多く、なかなか本調子になれないのかもしれません。とてももったいないことです。

昼過ぎになると主婦が増える

お昼過ぎになると百貨店では、家事を午前中に終えた主婦層が目立ち始めます。主婦の方は、使える予算が限られているので、私は販売戦略を変えます。

1人当たりのお買い上げ額を上げようとせず、単価の小さいものをたくさんの人に売ることに徹するのです。**1万円の商品を1人に販売するのではなく、2500円の商品を4人に売る。**そのためには、いかに効率的にお客様にアプローチするかが大きな課題になります。

自分がアプローチしたお客様を逃がさない。そうした意識を生むためにも、どういうお客様がご来店されているのかきちんと把握しなければいけません。

法則3

カゴ、体型、洋服に注目する

時間帯だけでは、お客様を見分けられない、という方も多いかもしれません。

そこで、購入意思のあるお客様を見分ける方法を紹介いたします。購入意思があるお客様とは、ひと言でいえば、**「商品を購入する準備態勢が整った方」**です。

スーパーなどでは、ショッピングカートの買い物カゴを上下2段に設置している方は、それだけたくさんの商品を買いたいという証拠。アプローチを掛けない理由はありません。

周りにその方のパートナーがいるかどうかも、ポイントです。女性のお客様であれば、旦那さんか彼が一緒にいるかチェックしましょう。男手があれば、重い荷物にも対応することができます。たくさん購入してくれる可能性が非常に高いのです。

また体型でいえば、やせ型よりも恰幅《かっぷく》のよい方です。何でも受け入れようというタイプといえます。

さらに、着ている服に着目します。洋服はその方の気分を表していることが多いのです。黒っぽい服を着ている人は、自分の意思をしっかり持っていて周りに流されにくい傾向があります。じっくり話を聞いて考え方やポリシーを探らないことには、アプローチできません。

その方しかお店にいらっしゃらない場合は、そのお客様にアプローチをするしかありませんが、そうでない場合は、薄い色の服を着ている他のお客様にアプローチしたほうが、売れる確率は高まります。

法則4

買い物袋をたくさん持っているお客様は、買う気マンマン

購入の意思を持っているお客様を見分ける方法が、もうひとつあります。それは、買い物袋です。両腕にショッピングバッグをたくさんぶら下げている人を、皆さんも百貨店などで見かけることがあるでしょう。

実は、買い物袋を多く持っているほど、買う気マンマンのお客様なのです。

ある女性アパレルブランドの店舗指導中に、こんなことがありました。買い物袋を3つほど持った女性のお客様が、私が指導をしているお店に向かって歩いてきました。そのお客様がお店に入る前から「この人は買う」と私にはわかっていました。

ところが、女性がご来店されても、販売員はなかなか声を掛けようとしません。販売員の心理としては、「もうこんなにお買い物されているから、今日はうちのお店では購入してくれないだろうな」という気持ちになるからです。買い物欲求が満たされているわけで

すから、さらに買いたくなるはずがないと思う人もいるかもしれません。

でも、逆なのです。**買い物袋が多いというのは、「私はもっと買い物をしたい」という心理の表れなのです。**私は、あのお客様は絶対に購入してくださるからアプローチをしてくださいとスタッフにアドバイスをしました。スタッフが慌ててお客様に声掛けすると、すぐに話が盛り上がり、商品のご購入に結びつきました。

それから、私の経験上、女性はものすごく買い物をしたくなるときがあるのです。生理周期が関係しているのかもしれません。クレジットカードの明細を見ると、実は私も別の月の同じ日に大量に買い物をしていることが何度もありました。


一般的な販売員は、店の中の〝商品〟に注目しています。「あの商品を出さなければいけないな」「この陳列、ちょっと乱れたから直そう」などと商品やお店のことで頭がいっぱいになっていると、なかなかお客様に意識が向けられないでしょう。

しかし、プロの販売員は店外を歩いているお客様までよく観察しているのです。視野を広くし、お客様から無意識に出ている「買い物サイン」をキャッチしようという意識が高いのかもしれません。

法則5

ヒールの高さは美的センスの高さ

お客様が女性であれば、履いている靴を見ることも大切です。靴というのは、その人の本音や見せたい自分を表している場合が多いのです。色や形を見る販売員もいますが、私が見るのは「ヒールの高さ」です。

私の経験上、**ヒールの高さと美的センスは比例します**。

ヒールが低ければ低いほど、外見にこだわらない人が多く、逆にヒールが高ければ高いほど、外見美にこだわりを持っている人が多いのです。つまり、お洋服やバッグ、靴などに興味を持っている人が多いということ。その方の美的センスをくすぐると、売れる確率も上がるというわけです。

住宅地のスーパーではヒールの高い靴を履いている人はあまり見かけませんが、東京の青山や表参道など高級ブティックが並ぶエリアに行ってみると、ヒールの高い靴を履いている人を多く見かけます。

つまり、このエリアでは、ファッションのみならず、化粧品、美容グッズ、女性用のビューティケアアイテムなど美容に関する商品が売れやすいということです。このエリアに住んでいる人や、このエリアに買い物に来ている人の美的感覚が高いからです。

あなたが美容に関わる商品を販売しているのであれば、ヒールの高い女性を狙うべきでしょう。

法則6

肌の色でお客様の趣味がわかる

お客様の趣味や習慣を探り、嗜好を見つけ出すというのも観察ポイントです。ちょっとした違いを見分けるだけで、お客様の趣味や習慣を発見することができるのです。

私が大阪の本町というところで時計の販売をしていたときの話です。本町は、東京でいえば新橋のようなビジネス街です。

ランチタイムには、ビジネスマンが一斉にオフィスビルから出てきます。そしてランチを終えた彼らは、時計屋さんに暇つぶしついでに集まってきます。

実は、このときが最大の販売チャンスなのです。この時間を逃すと、一日の売上が十万円単位で減ってしまいます。

ビジネスマンの時間は限られています。お店に滞在する時間も短いため、販売にもスピードが求められます。少しでも早くお客様のニーズを見極めることが要求されるのです。だからと言って、とにかく数を売ろうと、手当たり次第に声を掛けてもなかなか売れません。ここでも私は、お客様をよく観察することから始めました。

時計を販売するときには、お客様の腕周りに注目します。

お客様のなかに、両手が日焼けしている人を見つけました。両手が日焼けしているということは、釣りをしている可能性が非常に高い。そう見極めて、初めてお客様に声掛けをします。

「お客様、釣りをされていますね？」

こう言うと、ほとんどのお客様はビックリされます。そして自分の趣味を言い当てられているわけですから、こちらの話にも興味を持ってくれます。

私はさらに話を続けます。海釣りか川釣りか、今の季節はどんな魚が釣れるのか……釣りに関する話題をこちらから振っていくわけです。

そして最後に、

「お客様、釣りでしたら、防水のこの時計がいいですよ」とおすすめします。

実は私は釣りの話は得意ではないのですが、それでも釣りの話をすることで、お客様の頭のなかに、「その時計をして釣りをしている自分」のイメージがつくられます。

お客様は、買う前にイメージできたものしか絶対に買いません。

イメージが大切なのです。実際には釣りに時計をして行かなかったとしても、一瞬でもお客様の頭のなかにイメージしていただくことが、販売には不可欠です。

このときは、時計をご購入いただくことができました。

ちなみに、片手だけ日に焼けている方は、ゴルフをしている可能性が高いと考えます。ゴルフは片手だけ手袋をしてプレーするのが一般的だからです。

そこで、釣りのお客様のときと同じように、

「お客様、ゴルフをされていますね？」

と質問をします。お客様は、釣りのお客様と同じように驚きます。

そこから会話を広げていき、

「ゴルフされている方には、こちらの時計が人気ですよ」

と、ゴルフに関連づけて商品をおすすめします。

私はこのセールストークで、高価な時計を何本も販売することができました。

お客様の肌を見るというのは、お客様の行動パターンを見分けるひとつのポイントです。

お客様の行動パターンや嗜好が事前にわかれば、それに合わせたセールストークや商品のご提案ができるので、売れる確率が非常に高くなるのです。

法則7

お財布を握っている人が店外にいる場合もある

プロの販売員は、お店の中だけでなく、店外にも目を光らせています。なぜならば、本当にお財布を握っているのは、実はお店の外にいる人の場合があるからです。

以前、こんなことがありました。

大阪の難波の高級化粧品店で、20歳くらいの女性に接客をしたときのことです。

商品単価が高いせいか、同店のお客様の年齢層は30～50代が多く、私の上司はその20歳くらいのお客様よりも、ターゲット年齢のお客様にアプローチをしろと何度も指示をしてきました。

しかし、私はこの女性は絶対に購入してくれると思っていました。

なぜそう思ったかというと、この女性が来店されるときに、父親らしき男性と一緒に来ているのを見ていたからです。その男性はお店の中には入らず、外で待っている様子でした。

このことを知っていたので、ターゲット層のお客様でなくても、アプローチをし続けたのです。

案の定、この女性は私の説明が終わった後、「ちょっと待っていてください」と店の外へ行き、父親らしき人物にお金をもらって戻って来られました。

この例のように、お財布を握っている人がお店の外にいる可能性があります。

目の前にいるお客様だけで判断せず、店の外にも気を配り、観察することが大切なのです。

プロ販売員の4要素とは？

「販売のプロ」の定義とは、次の4つの要素をすべて満たす人です。

①いつでも売れる人　②どこでも売れる人　③なんでも売れる人　④誰にでも売れる人。

この4つがクリアできていなければ、販売のプロとはいえません。ひとつずつ、詳しく見ていきましょう。

①いつでも売れる人

お客様がお金をつかわない、寒さ暑さで出歩かないといわれる2月、8月。土日よりも売れにくいといわれている平日。さらに雨、雪、台風など悪天候の日。そんな日でも売れる人がプロです。

あなたは「月曜日だから売れない」「今日は雪だから売上が悪い」と思ったことはありませんか？　条件に左右されないのが、プロの販売員です。

②どこでも売れる人

ショッピングセンター、商店街、路面店、展示会場など、場所を問わず商品を売ることができるのがプロです。

大阪の百貨店、阪急うめだ本店の化粧品売場は、全国でトップクラスの売上を誇るといわれています。そのため、この化粧品売場に配属された人は全国1位を取ることも珍しくありません。しかし、同じ人が、他の店舗ではまったく売れないということもあるのです。

もしあなたが、ある店舗では売れたのに、店が変わったら売れなくなったというなら、まだまだ販売力が鍛えられていない証拠です。本当に販売力がある人は場所に左右されないのです。

ちなみに私は化粧品会社の営業をやっていたとき、電車で隣に座ったおばちゃんにクリームを売り、とても喜ばれた経験があります（笑）。

③なんでも売れる人

売ったことのないもの、新商品、「誰が買うの？」と思ったものでも売れるのがプロです。

あなたは「ブランド名が通っていないから売れない」「人気の商品は売るのがラク」と感じたことはありませんか？　次ページにあげるように、私は毎日訪問する業界が違いますが、商品に左右されずに売ることができます。

月曜日…ベーカリー業界
火曜日…化粧品業界
水曜日…アパレル業界
木曜日…食品業界
金曜日…通販業界など

ここまで替える必要は皆さんにはないかもしれませんが、商品が変わっても売れるかどうかを考えることは、今売っている商品を売るのにとても役立ちます。

④誰にでも売れる人

男性にも女性にも、90歳の方にも高校生にも、主婦にもサラリーマンにも大企業の社長にも売ることができるのが、販売のプロです。
お客様をよく観察し、実験を重ねて購買心理を学び、どんなお客様が来られても対応できるように鍛えましょう。

販売員になった以上、目指すゴールは、この４つの要素をクリアすることです。販売のプロを目指して、売れる人になりましょう。

第3章

アプローチ（声掛け）の法則

売れる販売員

プロはお客様に逃げられない！

問題

なぜ、お客様に逃げられてしまうのか？

「そちら、今日入荷したんですよ、ご試着していただけます」

いつものようにお客様に声をかけたら、逃げられてしまった！

こんな苦い経験のある人は、多いのではないでしょうか？　なかには、声を掛けようと思って近づいただけなのに、逃げられてしまったという人もいるかもしれません。

今、「あるある！」と思ったあなた。ご安心ください。お客様に逃げられているのは、あなただけではありません。このようなことは、販売の現場ではよくあることです。百貨店であれ、スーパーであれ、商店街であれ、ショッピングモールであれ、どの業界・お店でも起こっているのです。

なぜ、お客様に逃げられてしまうのか？

背景にあるのは、インターネットの普及だと私は考えます。インターネットで商品を調べて、ある程度の商品知識を持って店舗に来られるお客様がどんどん増加しています。わざわざ販売員に声を掛けて、商品のことを聞く必要がなくなったのです。

昔は商品の情報を持っているのは販売員だけでしたから、販売員に声をかける必要があったのですが、時代は変わってしまいました。

もちろん、今でも販売員を必要としているお客様はいます。インターネットが使えないお客様、調べるのが面倒というお客様などですが、こういうお客様は少数派といえるでしょう。

こういう状況なので、昔のように商品を見ているお客様に声を掛けても、お客様に逃げられてしまうのです。

アプローチの段階でお客様に逃げられてしまっては、いくら商品説明やクロージングが上手だったとしても、それを使うチャンスさえ作れません。

販売員にとって、「お客様に逃げられないアプローチ方法」を身につけておくことは必須です。

短時間でもいいから、お客様と信頼関係をつくる

以前の私もそうだったのですが、お客様にアプローチする方法が重要だとわかっていない販売員が、世の中にはたくさんいます。アプローチのことを考えたことがない人すらいるようです。

考えていたとしても、お客様が自分のテリトリー（半径約2～3ｍ）内に入って来てからが接客であると思っている人も多いようですが、それでは遅過ぎます。

その前の段階で接客をすることを、アプローチというのです。

売れる販売員は、このアプローチが非常に上手です。

そもそも、販売におけるアプローチは何のために行うものなのかわかりますか？

アプローチは「お客様の警戒心をといて、仲良くなるため」に行います。

お客様と販売員は初対面です。初対面の人には警戒心を抱くのが当たり前。ですから、いきなり販売員が近寄って来て、「いかがですか？　これ新製品なんですよ」と売り込ま

れたら、お客様が逃げ出すのも当然といえるでしょう。
いきなり売り込もうとするのではなく、商品以外の話をしながらまずはお客様と仲良くなることを目指すのです。短時間でもお客様と信頼関係を築くことができれば、お客様は商品を買ってくださいますし、リピーターにもなってくださるのです。

この章では、順を追ってアプローチ方法を説明します。それぞれ詳しく説明していきますので、ぜひ参考にしてください。

※第3章でお伝えするアプローチ方法は、基本法則です。業態や商品によってカスタマイズしてください。たとえば、カウンターから出られない販売員はお客様に近づくときに、法則3の「カニ歩き」というアプローチはできません。しかし、お客様を直視しないことで気配を消すことはできます。このように、エッセンスを取り出して、各現場で応用していただければと思います。

お客様に逃げられないアプローチの手順

法則1
後ろ向きで動きながら待機する

法則2
3m以上離れ、90度のお辞儀でお出迎え

法則3
5歩後ずさりし、近づくときはカニ歩き

法則4
2m手前で立ち止まり、お客様の反応を見る

法則5
お客様の縄張りを意識せよ

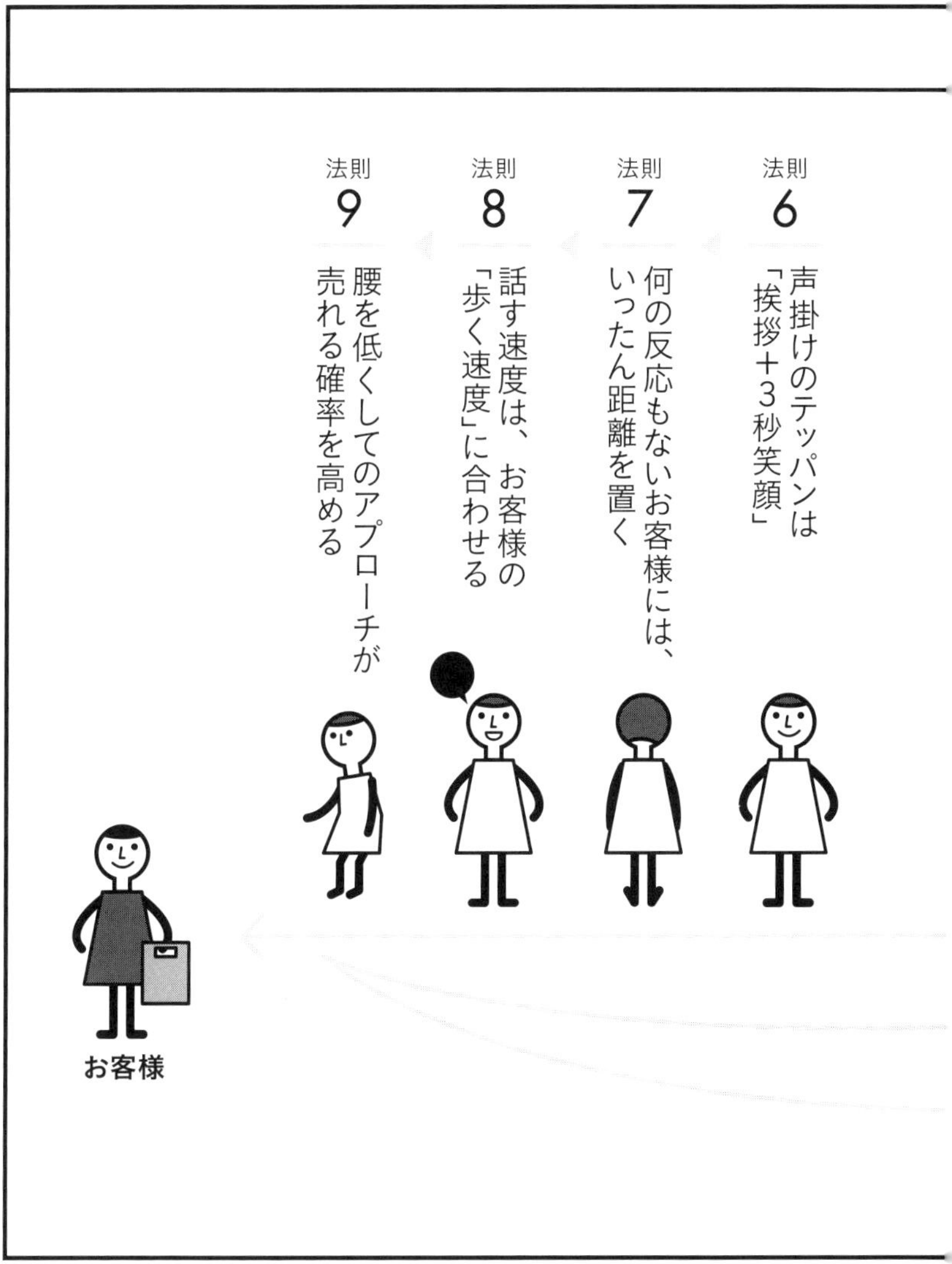
法則 6
声掛けのテッパンは「挨拶＋3秒笑顔」
法則 7
何の反応もないお客様には、いったん距離を置く
法則 8
話す速度は、お客様の「歩く速度」に合わせる
法則 9
腰を低くしてのアプローチが売れる確率を高める
お客様

法則1

後ろ向きで動きながら待機する

お客様にアプローチを掛ける前の「待機」。ここでは、**お客様に背を向けて動きながら待機して、お客様の入店を待ちましょう**。

「えっ！　後ろ向き?!」と驚く人もいるかもしれません。でも、開店直後や、商品が大量に入荷し検品や品出しで忙しくしているときに限ってお客様が来店するという経験は誰にでもあるはずです。これは、忙しいときには販売員の意識がお客様の方を向いていないために、お客様が入店しやすくなっているからです。

逆に、お客様がお店に入ろうと思ったときに、販売員がじっと見ていたらどうでしょうか？　買う気もないのに買わされそうな感じがして、お客様は入店をためらうでしょう。

お客様の立場からすると、販売員に気づかれないように入店するのが、一番入りやすいのです。

ですから、お客様が来店しそうと気づいたら、気づかないふりをして後ろ向きで待機します。後ろ向きでじっと立っているのは不自然ですので、服をたたんだり、ショーケースをふきんで拭いたり、品出しをしたりして、動きながら待機しましょう。

ちなみに、真正面を向いて「いらっしゃいませ」という挨拶が通用するのは、高級ブティックだけです。百貨店でも開店時の挨拶以外は無理でしょう。

通用しない理由のひとつは、人見知りをするお客様や、そもそも人が嫌いだというお客様がいらっしゃるからです。こうしたお客様は、真正面から挨拶されること自体が嫌いだからです。

もうひとつは、**お客様は販売員を見に来ているのではなく、商品を買いに来ている**からです。ここを勘違いしている販売員がたくさんいます。特に売れない販売員ほど、自分が主役であると勘違いしてしまうのです。

主役はあくまでも商品です。それを忘れないためにも、あえてお客様に気づかないふりをして、後ろを向いて待機をすることは有効です。

法則2

3m以上離れ、90度のお辞儀でお出迎え

どんな仕事もそうですが、販売においても第一印象は大切です。

第一印象の良し悪しで、お客様の滞在時間が変わると言っても過言ではありません。第一印象が良ければ、お客様には気分よくゆっくりと店内の商品を見ていただけますが、第一印象が悪ければ、お客様にとってその店は居心地の悪い店になり、足早に店を出てしまわれます。

では、どうすれば第一印象でお客様にいいお店と思っていただくことができるのでしょうか。

その最も簡単な方法は、お客様から3m以上離れて、90度のお辞儀をすることです。

「いらっしゃいませ。ようこそお越しくださいました」

こう言ってから深々とお辞儀をし、お客様をお出迎えしましょう。

一般的にお辞儀の角度は会釈が15度、敬礼が30度、最敬礼が45度と言われていますが、私は店頭でいろいろなお辞儀の角度を実験した結果、最敬礼よりもさらに深い90度のお辞儀がいいと思い、実践しています。

90度のお辞儀がいい理由は2つあります。

ひとつはお客様へ来店の感謝を伝えるためには、お辞儀の角度はより深い方が伝わると思うからです。90度のお辞儀にはインパクトがあります。お客様の視覚にダイレクトに訴えるのです。

もうひとつは、近年お客様は丁寧な接客に慣れていらっしゃるので、通常のお辞儀

いらっしゃいませ
ようこそお越し
下さいました
90°

では印象に残らないからです。

「そこまでやるか」と思われるくらい深々と頭を下げないと、印象に残りません。

また、お客様から３ｍ以上離れて行うこともポイントです。３ｍより近い距離で90度のお辞儀を行うと、お客様に圧迫感を与えてしまい、販売に不要な警戒心を持たれてしまいます。必ず３ｍ以上離れて、90度のお辞儀でお出迎えしましょう。

法則3

5歩後ずさりし、近づくときはカニ歩き

お出迎えの挨拶をした後、「どうぞ、ごゆっくりご覧くださいませ」と言いながら、お客様に近づいていく販売員を見かけます。

これは絶対にやってはいけません。

販売員が近くにいたら、お客様はゆっくりご覧になることができないからです。

お客様から呼ばれたら別ですが、そうでなければ、挨拶をした場所から後ずさりしながら5歩下がりましょう。**5歩下がることによって、「あなたには無理に近寄りませんよ」と伝えることができ、お客様は安心して商品をご覧になることができます。**

お客様が入店される場所は、お店ごとにだいたい決まっているでしょうから、どの位置で声をかけて、どこまで下がって、どこに立つかという自分の立ち位置をあらかじめ決めておくといいでしょう。

しばらくお客様に商品を自由に見ていただいたら、頃合いを見計らって、声を掛けに行く必要があります。このときのポイントは、「何かの作業をしながら」「カニのように横歩きで」徐々にお客様に近づいていくことです。

間違っても、お客様の真正面から近寄ってはいけません。

私が行っている研修では、実際にこの法則3を体験してもらうのですが、真正面から販売員が近づくのと、横から近づくのとでは、インパクトが全然違うとみなさんおっしゃいます。

自分の知らない人が真正面から近づいてきたら、どんな人だって身構えてしまいます。だから、お客様にアプローチをする場合は、横から近づく必要があるのです。

今度、街でティッシュを配っている人を見かけたら、ぜひチェックしてみてください。通行人になかなかティッシュをもらってもらえない人は、真正面から渡そうとしているはずです。逆にうまく配れている人は、横から渡そうとしていて、さらにどこを見ているかわからない雰囲気があるはずです。

販売もティッシュ配りと一緒で、真正面から存在をアピールしては逆効果になるのです。

法則4

2m手前で立ち止まり、お客様の反応を見る

次のポイントは、カニ歩きでお客様に近寄って行くときに、お客様の2m手前でいったん立ち止まるということです。

アプローチ下手な販売員は、立ち止まらずに一気にお客様に近づいて行きますが、これではお客様に逃げられてしまいます。2m手前でいったん立ち止まって、作業をするふりをしながら、お客様の様子をうかがいましょう。

しばらくしたら、今度は2歩、お客様に近づいてみて、反応を確認します。

2歩近寄ると、お客様と販売員の距離は1.2mまで近づくことになります。これ以上は心理学で言う「パーソナル・スペース」で、友人や恋人、家族など親しい人しか入れない領域。信頼関係がないのに近づくと違和感がある距離です。

1.2mまで近づいたときに、お客様がどういう反応を示すのか、しっかりチェックをしなければいけません。

もし、お客様が逃げるようなそぶりを見せたら、また2歩戻ります。無理に近づいてはいけません。お客様の心の準備ができていないのに近寄っていくから、逃げられてしまうのです。「せっかくゆっくり見ようと思ったのに、買わされそうだからやめよう」とお店を出て行ってしまうのです。

お客様が嫌がっているかどうかは、お客様をよく観察していればわかります。近づいたときに、ビクッと反応したり、肩が1cmぐらい、逃げようとする方向に動いたりするのが拒否のサインになります。

ピンと来ない人もいるかもしれませんが、これまで意識して見ていなかったからわからないだけで、意識してお客様を観察するようにすれば、お客様の微妙な反応を判断することができるようになります。「この人は嫌がっているな」とか、「この人は恥ずかしがっているけれど、実は私を呼んでいるな」ということがわかるのです。

一方、ビクッと反応しても、横目であなたのほうを見ていたら、それはあなたを呼んでいるサイン。何か聞きたいことがあるけれど、どうしようか迷っている状態です。この場合はもちろん、次のステップに進みましょう。お客様は、自分に近寄ってほしくないと思っていたら、絶対に販売員のほうを見ません。

お客様のOKサインを見分ける方法

お客様が販売員のほうをチラッと見るようなことがあれば、それは私に近づいて来ていいよというOKサイン。しかし、お客様が販売員のほうをまったく見なかったり、拒否しているようであれば、2歩戻って2回目のチャンスを待ちます。

2回目の反応の目安は、特にありません。お客様の買い物のペースに合わせて判

断しましょう。
動きの速いお客様は買い物のペースも速く、サッと見て帰ってしまう可能性が高いので、チャンスを逃すと声を掛けられないまま終わってしまうことがあります。このようなことがないように、1回目で拒否されても、動きの速いお客様には早めに2回目の声を掛けるようにしましょう。

一方、動きのゆっくりしたお客様はゆっくり買い物をする傾向があるので、あせらずじっくりと様子をうかがいながら、タイミングを見て声を掛けるようにします。
売れない販売員は自分のタイミングで近づくので逃げられてしまうのですが、売れる販売員はお客様のペースに合わせて近づいていくので、お客様が逃げないのです。

かくいう私自身、次に声を掛けに行こうと思っているうちに、お客様に逃げられてしまったことが何度もあります。失敗をしながら腕を磨いてきました。逆に言えば、失敗を体で覚えないとタイミングがつかめない部分が、販売員の仕事にはあるのです。あなたも失敗しながら、この感覚をつかんでいってください。

売れる販売員の考え方

1回近づいてみて、拒否されたら2回目は近づきにくいという人もいるかもしれません。しかし、そこが売れる販売員と売れない販売員の大きな違いです。

売れない販売員は「お客様が嫌がっている」と思うのに対し、売れる販売員は「お客様がお店の中にいる以上は、何らかの買い物の動機があるわけだから、販売員に用があるはずだ」と考えるのです。

そしてさらに「お客様の心の中には、半分は声を掛けてほしいという思いがあり、半分は声を掛けられたくないという思いがある。だから販売員としては、お客様を放っておくのは失礼だ」と考えて、お客様のために何度でも声を掛けるのです。

これが売れる販売員の発想です。ぜひ参考にしていただきたいと思います。

法則5

お客様の縄張りを意識せよ

パーソナル・スペースについて、もう少し詳しく見ていくことにしましょう。

あたりまえですが、販売員とお客様は、販売員とお客様という関係である前に人間どうしですよね。人間どうしということは動物どうしなので、それぞれ自分のパーソナル・スペース、つまり縄張《なわば》りを持っています。

知らない人が自分の縄張りに入ってくると、気持ち悪いとか嫌だなという感覚を抱きます。満員電車が気持ち悪い理由はそこにあって、知らない人が自分の縄張りに入ってくるからなのです。

このパーソナル・スペースのとらえ方は、学説によっていろいろあるのですが、私はビジネスで知り合う人が近づいていい距離を1.2～2mぐらいの範囲と考えています。だから私はお客様に近づくときに、まず2m手前でいったん立ち止まります。ちなみに、友人や恋人など、親しい人が近づいても違和感がない範囲は、45㎝～1.2mの範囲になります。

言葉を換えて言えば、ビジネスとしておつき合いできる距離と、それ以上の関係になってもいい距離の境界に、目に見えないドアが存在しているということです。

売れる販売員は、このドアの存在に気をつけながら、お客様との距離を縮めていくのですが、**売れない販売員は、お客様のパーソナル・スペースを平気で侵害していきます**。近づくことで仲良くなれるとか、近づいたほうが丁寧だと思っているからでしょうが、逆効果です。

たとえば、あるお客様が商品を見ているとしましょう。そのお客様めがけて販売員がすごい勢いで近づいていき、「あっ、この商品、昨日入荷したばかりなんです」と声掛けしたら、「えっ、何?」と誰でもビックリしますよね。そのまま無言になってしまうか、お客様が逃げてしまうかのどちらかです。

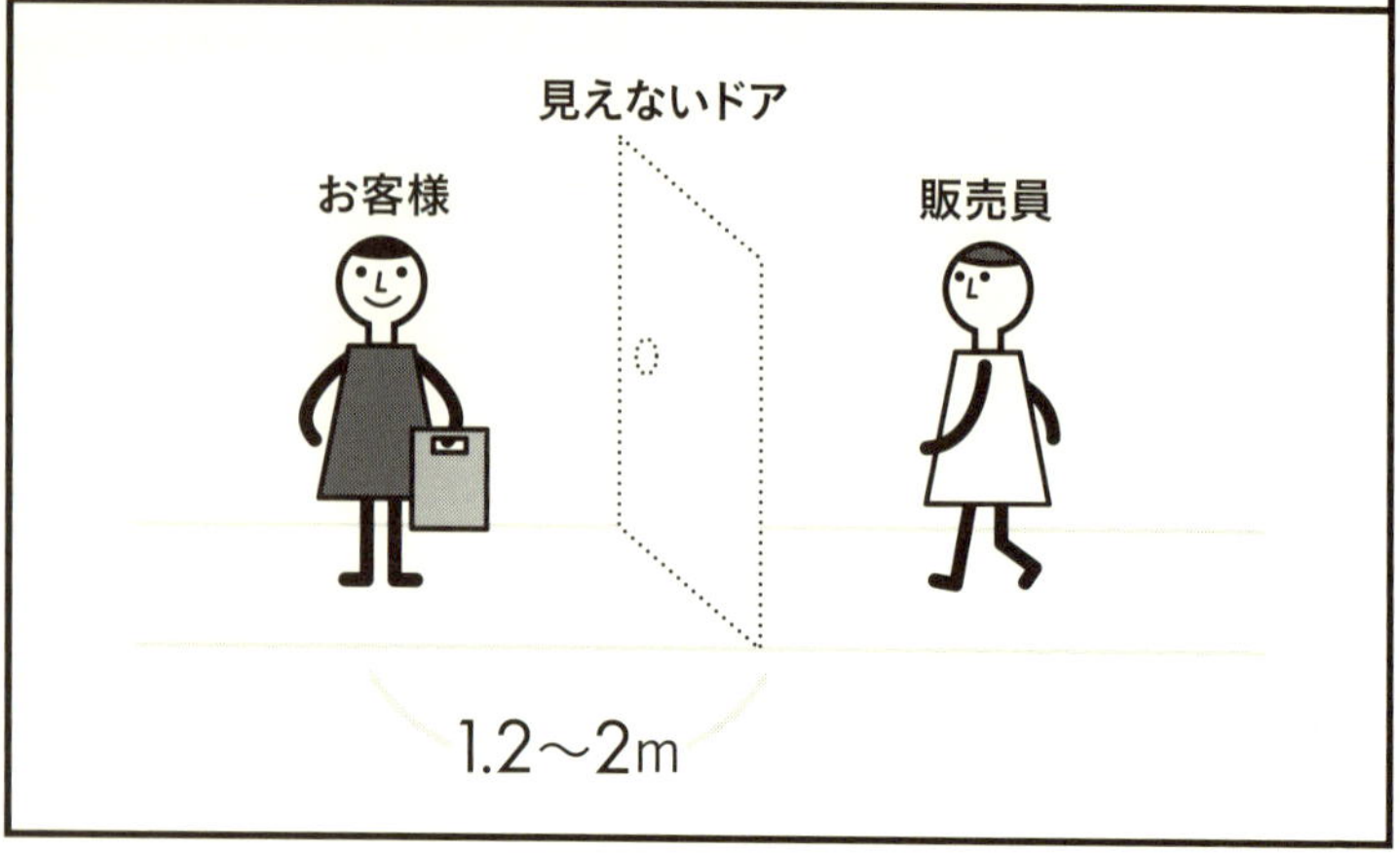

最初のアプローチでこれ以上お客様に近づいてはいけない！

もちろん、これはＮＧです。

ですので、まず２ｍ手前でいったん立ち止まって、お客様の様子を見ます。

お店で２ｍを測るためにメジャーを取り出すわけにいきませんが、２ｍは自分がお客様に向かって前にばたーんと倒れたときに、ちょっと足したくらいの距離と考えると大体わかります。たとえば、私は身長が１６０㎝なので、あと40㎝足したくらい、と考えるのです。

このように、お客様のパーソナル・スペースを意識しながら声掛けの準備をすることを忘れないようにしましょう。

法則6

声掛けのテッパンは「挨拶＋3秒笑顔」

さて、お客様に声掛けする準備は整いました。

みなさんは、どのように声掛けをしていますか？

私は、どのような声掛けがお客様を惹きつけるのかを、店頭で実験したことがあります。声を張り上げたらお客様が逃げないのではないかとか、小声で話したほうが魅力的に映るのではないかとか、いろいろ実験をしてみました。

そのなかで一番効果があったのが、「『こんにちは』と挨拶をして、笑顔を3秒止める」という方法です。

要するに、たくさん笑うということなのですが、最近、笑顔ができない人がとても多いのです。もちろん、瞬間的に笑顔をつくることはできるのですが、微笑み続けることができないのです。

お客様に伝わるように笑顔を見せるためには、ある程度キープすることが必要です。日常生活で笑う瞬間はあると思いますが、どれもほんの一瞬。それではダメです。3秒間笑顔でいられるように意識しながら、鏡に向かって練習をしてみてください。

そして、笑顔は「微笑む」笑顔です。思いっきり歯を出しながら大笑いするのではなく、少し口角を上げて自然に微笑む程度でいいのです。

なぜ笑顔だとお客様が留まってくれるのか、皆さん、疑問に思われるかもしれません。それは、**人間は笑いかけてくれる人を無視しにくいものだからです**。

また、3秒間笑顔を続けると、お客様の反応を待つことができるというメリットもあります。商品知識を覚えた販売員は、その知識でお客様と無理に会話を続けようとします。マシンガントークをしている販売員をたまに見かけますが、それこそが、売れない販売員の特徴です。

一方的に話すのではなく、まずは「こんにちは」と自然な笑顔で挨拶をしてみてください。お客様は、きっとあなたに話しかけてくれるはずです。

法則7

何の反応もないお客様には、いったん距離を置く

あなたが「こんにちは」と言っても何の反応もないお客様には、どのように対処すればいいのでしょうか？

反応がない、もしくはただ商品を見ているだけでこちらを見ないというのは、あなたの説明を聞く準備ができていないという証拠です。

こういうお客様に対しては、まずは**説明を聞く準備ができるまで待っていて差し上げる**、というのが基本スタンスになります。もしかしたら、あなたがカニ歩きで近づいていったときに、お客様が距離を取ったのに気がつかず、あなたの方で一気に間合いを詰めてしまったのかもしれません。

挨拶をしても反応がないならちょっと距離を置いて、様子を見るのが一番です。

もちろん、そのようなお客様でも何かを買いたいと思ってお店を訪れている可能性は高いので、様子を見ることを怠《おこた》ってはいけません。掃除や品出しをしながらお客様に少しずつ近づいていって、様子を見続けましょう。

説明を聞く準備ができれば、意外とお客様のほうから話しかけてくるというケースも珍しくありません。話しかけるだけではなく、お客様の気持ちを推《お》し量って、ときには待つことも必要である、ということを理解しておきましょう。

法則8

話す速度は、お客様の「歩く速度」に合わせる

試食販売などをしている方は、お客様が歩いているときに声掛けをしなければならないということも多いでしょう。

その場合は特に、話す速度に気をつけましょう。

ゆっくり歩くお客様は、ゆっくり話す傾向が強いです。そういった方に声掛けするときには、ゆっくりお話ししないと伝わりません。逆に、サッサッと早足で歩いている方は、ゆっくり話すとイライラされることもあるので、ちょっと早口での声掛けを意識しています。

たとえば、お年を召した女性は、歩くのもゆっくりした方が多いです。

私の実家の近所に、「山口屋」という魚屋さんがあります。父親がそこの刺身が大好きで、よく私が買いに行っていました。魚屋のおっちゃんは見るからにせっかちで、早口です。

そこへ、おばあちゃんが魚を買いにきました。

「へい、いらっしゃい。何にする？」

おじさんはおばあちゃんを相手にしても早口です。

あまりにも話す速度がずれているので、私はおかしくなって笑ってしまいました。

「めっちゃズレてる……」

おばあちゃんは魚を買おうとしていますが、注文しづらそうです。

そこへ魚屋の奥様が帰ってきました。奥様はおばあちゃんに合わせて、ゆっくり会話できます。ようやく、おばあちゃんはホッとして魚を注文しました。

相手によって伝わるスピードは違う

こういう例もあります。大阪の梅田駅の構内にある薬局で、化粧品を販売したときの話です。駅の構内では、ほとんどの人が急いで移動しています。この、誰もが足早に移動している場所で、５０００円の美白美容液を販売することになりました。

そのとき、一番注意していたのは「とにかく速く話す」ということでした。

お客様は速足で歩いているので、ゆっくり話しかけると、「時間がないので」と去っていきます。ですから、要点をまとめて早口で話すことで商品に興味を持ち、足を止めてくださいました。

急いでいる雰囲気のお客様には、何かをおすすめすると怒られそうでなかなか売れない気がするかもしれませんが、そんなことはありません。そのお客様が理解できるようなスピードでお伝えすれば、必ず伝わり、受け入れていただけます。

だからこそ、お客様の歩くスピードに合わせて話す速度を変えるという工夫をしなければいけないのです。

相手によって伝わるスピード、伝わらないスピードがあるので、それを見極めることが大切です。

法則9

腰を低くしてのアプローチが売れる確率を高める

お客様にアプローチするときに、腰を低くしてお話しすると売れる確率を高められるということを、みなさんはご存じでしょうか?

関西で活躍している、Hさんという販売員の女性がいます。彼女はお菓子が大好きで、お菓子を専門に販売しているのですが、彼女が売場に立つととにかく売りまくり、10時から15時までの5時間で山積みになっていたお菓子の箱がすべてなくなってしまうほどの売れ行きなのです。

実は、彼女の身長は150㎝しかありません。小さくてかわいらしい。身長が高いことによる圧迫感がないので、商品を強くすすめられても圧迫感がないのです。

あるとき、私は一日じゅう彼女の様子を観察していましたが、100人にアプローチして80人のお客様が購入していました。

こんなこともありました。以前、ある会社の面接官をしたときのことです。販売員の女性を全員身長が低い人で揃えたところ、背の高い販売員で揃えたときの3倍以上も売上が伸びました。

身長が低いというのは、それだけで売れる確率を高めるのです。

とはいえ、身長が高い人は変えるわけにもいきません。ですが、腰を低くして目線を下げることはできますよね。

男性は180cm以上、女性は165cm以上の人は威圧感があるので、ひざを曲げて声を掛けます。

お客様がお年を召した女性である場合は、男性は170cm、女性は160cm以上の方は、ひざを曲げて対応するとよいでしょう。

「体のどこが疲れるか」で販売のレベルがわかる

実際に私の接客を見ていただくと、驚く人が多いです。おそらく、みなさんの中にある「売る人のイメージ」と「私の接客」に、大きなギャップがあるからでしょう。

売る人というと、マシンガントークでつねに話しているイメージがあるようです。でも、私はマシンガントークはしません。「大声を出したりしないのに、自然にお客様が集まり、不思議と買っていくんですね」と言われることが多いです。

おそらく、私と会った方は、「ギラギラとした雰囲気がなく、押し出しが強烈に強いわけでもない、普通の人」という印象を受けると思います。

これはなぜかというと、私がお客様の買い物の邪魔をしないようにしているからなのです。よく「気配を消す」と言っているのです

	話し方	スタイル	雰囲気
世間の「売る人」のイメージ	**マシンガントーク**	**お客様を逃がさない**	**ギラギラ、押しが強い**
実際の橋本	**言葉数が少ない**	**自然にお客様が集まる**	**ニュートラル、自然**

が、販売員の存在が目立ち過ぎると、お客様はお買い物に集中することができなくなります。

そこで、気配を消しながら商品をおすすめするのです。気配の消し方は第3章で説明しましたので、ぜひ参考にしてみてください。

また、私は新人時代とプロ販売員になってからでは、一日の業務終了後に疲れる箇所が変わりました。

新人時代は大声を張り上げて販売していたので、のどを痛めました。プロ販売員になってからは、目が疲れるようになりました。観察する際に、目をよく動かすからです。

私はお客様をよく見ています。以前、研修の参考事例として、自分の販売風景をビデオカメラで撮影したことがあるのですが、目はあたかも球技系のスポーツ選手がボールを追いかけるように、細かくよく動いていて、自分でも驚きました。それだけ目を動かしてお客様を観察しているということです。

	疲れる箇所		
新人販売員のころ	**足**	**のど**	**心**
プロ販売員になってから	**足**	**目**	**頬の筋肉**

また、プロ販売員になってからは、頬の筋肉も疲れるようになりました。よく笑うからです。

みなさんは退店後、体のどこが疲れますか？　自分を客観的に見て、何が足りないか振り返ってみましょう。

第4章 商品説明の法則

売れる販売員

プロは
商品の説明だけを
していない！

法則1

いきなり商品の話をしない

「こんにちは＋3秒笑顔」でお客様に声掛けをしました。ここまではいいですね。

しかし、次に何を話したらいいのかわからないという販売員の方が多いようです。そうです。間が持たないのです。

間を持たせるために、売れない販売員は、「あ、そちらの商品はインド産でして、この手触りが大変人気なんですよ～」などと商品の説明を始めてしまいます。

しかし、お客様はまだ話を聞く態勢になっていません。

販売員の話は右から左へ流れて、結局、お客様は何も買わずにお店を出て行ってしまう。

これでは、お客様にとっても、販売員にとっても、マイナスです。

では、どんな話をすればいいのでしょうか？

みなさん、ちょっと思い出してください。学校のクラス替え直後、初めて話すクラスメイトとどんな会話をしましたか？「うちのパパ、部長になったの」なんていきなり言いませんよね。先生の話や授業の話、あるいは今度行く遠足の話、何にせよ、お互いに共通した話題を持ち出すでしょう。

お客様と初めて話をするときも、共通した話題を選ぶことが重要です。

商品説明は、お客様の知らない話題です。いきなりそんな話を振られても、「はぁ……」と、お客様は戸惑ってしまうだけです。

知らない人から商品をすすめられても、そもそもその人を信じることができないので、買おうという気持ちにならないのです。

いきなり商品の話をしない。これが、声掛けでとても重要なことです。

法則2

最初の一言は、質問で始める

声掛けの際、私がよくするのは天気の話です。ただし、普通に話しかけるのでは、お客様との距離を縮めることはできません。コツは、会話を質問形式にすることです。

会話のキャッチボールをすると、お互いの心理的距離はすごく縮まります。ところが、見知らぬ相手と会話のキャッチボールをするのは、とても高度なテクニックです。

そこで、**質問形式にすることで、会話のキャッチボールをする状況を無理にでもつくってしまう**ということなのです。お客様に質問をして、それに答えてもらうことができれば、お客様は心理的にその場から去りづらくなるのです。

たとえば、今日が晴れだったとしましょう。私はお客様に「今日は天気がいいですね」

とは言わず、「外は、雨が降っていましたか?」と質問をします。

同じ質問でも「今はどんな天気ですか?」と聞いてしまうと、お客様はいろいろと話さなければなりませんが、「外は、雨が降っていましたか?」という質問なら、「はい」か「いいえ」で答えられるので、心理的抵抗が少ないのです。

話題は天気ですし、「はい」か「いいえ」で答えられる質問をされたことで、お客様はリラックスした状態になります。

私は以前、健康食品の試食販売をしていたときに、この手の質問をお客様にしていました。と言っても、ただ「お味はいかがですか？　おいしいですか?」と聞くだけです。

お客様が答えてくだされば、これだけで心理的な距離はかなり近づいたことになります。この状態をつくってから商品説明をしてご購入につなげた結果、その健康食品の1日の売上で全国1位になりました。

あたりまえですが、微妙な話題は避けましょう

ポイントは、質問する内容を、天気など一般的な話題にすることです。初対面のお客様への最初の質問なので、悪印象を持たれてしまったら、挽回するのはかなり難しいです。以前、お客様がお子様を連れていらしたので、「かわいいお子さんですね、男の子ですか？」と話しかけたことがあります。……もうおわかりですね。そのお子さんは女の子だったのです。私の第一印象は最悪なものになって、いくら挽回しようとしても後の祭りでした。

このようなことがないように、当たりさわりのない話を振りましょう。

ここでの目的は、あくまでキャッチボールをして、お客様に販売員の話を聞く下地をつくっていただくこと。個人的な話は、相手を見て徐々にしていくと心得てください。

法則3

気になったことはツッコむ

天気以外にも、当たりさわりのない話題はいろいろあります。たとえば、お客様が持っている買い物袋を見てみましょう。

菓子折りの買い物袋を持っている方には、「あっ、それ、○○のラスクですよね。私、それ1回食べてみたいんですよ！　そのラスク、やっぱりおいしいですか？」と質問をします。

関西であれば、野球が好きなお客様は阪神タイガースファンと一目でわかる格好していらっしゃるので、わかりやすい方が多いです。「昨日勝ちましたか？」などと、阪神の話から入ると仲良くなれます。

これは関西特有なのかもしれませんが、販売をしていると「ツッコミ」を入れたくなるお客様がたくさんいらっしゃいます。
大阪の心斎橋でカバンの販売をしていたときの話です。頭から足の先まで、全身ヒョウ柄の60代ぐらいの女性がカバンを見ていました。私はどうしても気になって、お客様のヒョウ柄にツッコんでしまいました。

私「お客様、ヒョウ柄お好きなんですか？」
お客様「そうやねん。元気出るやんか〜！　いやん、似合ってる？（笑）」
私「すっごいお似合いですよ。どこに売っているんですか？」
お客様「あそこの商店街にあるでー！」

こんなふうにすごく盛り上がって、仲良くなりました。
販売員は、ヒョウ柄の服を着ていたりサングラスをかけて白いジャージを着ていたり、見るからに怖そうなお客様にはアプローチを掛けない傾向があります。何を言われるかわからないし、トラブルの元だと考えているのでしょう。しかし、そうした個性的なお客様だからこそ、声を掛けるととても喜んでくださるのです。

このヒョウ柄のお客様も、話が盛り上がったからか、カバンを2つも買っていただきました。でも、いきなり商品の話をしていたら、購入につながらなかったかもしれません。ヒョウ柄というお客様のこだわりに話を向けたので、お客様が警戒心を解き、私の言っていることも信頼していただけたと思いました。

このように、お客様にアプローチするときには、少しでも信頼していただけるように「お友だちになる」というスタンスで、声掛けをするようにしましょう。

法則4

お客様の「立場」に注意して説明する

商品説明をするときには、お客様が「何のために」お店に来ているのか考えましょう。そして、「お客様が本当に叶えたい欲求」を見つけるべきです。

お客様の欲求を知るには、どのような「立場」で商品を購入しようとしているのかを探ることが手掛かりになります。

同じひとりの女性の中に、「仕事をバリバリこなす仕事人としての立場」もあれば「家事をしっかりやる主婦の立場」もあり、「優しいお母さん」という立場があることもあります。もしかしたら、「お姑さんと関係を築くのに苦労している嫁」という顔も持っているかもしれません。

その人がどの立場で商品を購入しようとしているのかによって、提案する商品も違いま

すし、商品のなかでお伝えする部分も変わってくるでしょう。

仮に、お客様が主婦としての立場を持っているとわかったとします。主婦の方は時間がない、忙しいという悩みがあるので、私は時間を短縮することができる商品や忙しさを解消できるサービスを提案することにしています。

男性でも同じです。「会社の役職の立場」もありますし、「夫」として、「父親」として、「息子」としての立場もある。今日は「恋人」の立場で、相手にプレゼントを買おうと思って来店されている場合では、相手に気に入られるなら、少々予算をオーバーしてもかまわないと思っているかもしれません。予算が変わってくれば、おすすめする商品も大きく変化します。

特に、百貨店やスーパーなどさまざまな商品が並ぶお店では、お客様の立場に注目することがとても重要です。

相手の立場に注目すると、何を、どのようにおすすめしたらいいのかが見えてきます。「この人はわかってくれている」とお客様に思っていただければ、売上も上がってくるでしょう。

法則5

商品説明は「ツカミ」から入る

さて、お客様と仲良くなり、話を聞いていただく準備は整いました。いよいよ商品説明に入ります。

ところが、この段階で「どうやって商品説明を始めればいいのかわからない」という人が多いのです。

みなさん、お客様になったつもりで、頭の中でイメージしてください。

今、あなたは、パソコンを新しく購入しにきたお客様です。動画再生や画像編集などの機能には興味がなく、それよりもパソコンの処理速度に興味があります。処理速度が速くて安ければ、メーカーを問わず、ノート型でもデスクトップでもいいと思っています。

しかし、あなたについた販売員は、今流行の動画や画像編集の話を一方的にしてきます。

結局、その説明を聞いている10分間、本当に知りたい情報は何も得られず、こちらから聞き直さなければなりませんでした。

「最初から、商品の特徴を端的に言ってくれればよかったのに」

誰もがそう考えるでしょう。その通りです。商品説明をするときには、端的に商品の特徴をお伝えすることが大事なのです。ダラダラと長い説明をしていては、お客様がイライラして、買おうと思っていても買わずに立ち去ってしまうこともあります。

これを防ぐために、商品説明は「ツカミ」から入りましょう。お客様は商品について、ざっくりと内容を知ることができます。そのうえで、自分の知りたいことを販売員に質問できます。

お客様が本当に欲しい商品であれば、そのまま購入に至りますし、別の商品を希望されていたら、お客様のニーズに合ったものをご提案することもできます。

ツカミから入れば、お客様も販売員も時間を効率的に使えるというわけなのです。

法則6

「ツカミ」は30字で表現する

「突然ですが、あなたの売っている商品を30字で表現してください」

研修でこう言うと、ほとんどの販売員は表現することができません。これでは、いつまでたっても売れる販売員になるのは難しいでしょう。

30字で端的に自分の商品を表せなければ、商品は売れません。

インターネットの普及によって、お客様のほうが商品のことを知っている場合が多いので、説明は短い方がいいからです。

一般的に、商品説明は長くなりがちです。販売員は商品の背景や会社の内情を知っているため、つい言いたくなるからです。

サプリメントを説明するのに、「2年前、韓国を旅行していたうちの社長が、有名な高麗人参を紹介してもらいまして……」と長々と説明してしまうのです。でも、自分に関係のない話をされても、お客様は興味を持つことができません。だから、端的に30字で伝える必要があるのです。

30字を口に出すと、10秒ぐらいです。商品説明を30字で考えると、販売思考力が格段に上がります。

お客様は「買ったらどんな効果があるか」を一番知りたい

私は、電車に乗っているときによくツカミを考える練習をしています。自分の前に座っている人が傘を持っていたら「この傘のツカミは何か」、帽子をかぶっていたら「この帽子のツカミは何か」と、普段から考えています。このような訓練が功を奏して「橋本さん、これ売ってください」と急に言われても、特徴を捉えてお客様にお伝えすることができるのだと思います。

みなさんも商品のツカミを見つけるために、一度、売りたい商品を30字で表現してみてください。

ポイントは、性能や機能、ブランドの説明をするのではなく、「使った後の効果」を説明することです。

時計だったら、「どんな過酷な状況でも正確な時間を刻むことができる」など、「買ったらどんないいことがあるか」がわかるような説明をすることが重要なのです。

お客様は、お金を出した商品の効果を一番知りたがっています。

そこを端的に言わないと、「この販売員は私に不必要な物を売ろうとしている」と思われてしまいます。せっかくお客様に警戒心を解いていただいたのに、また壁ができてしまいます。

ですから、商品説明を考えるときには、「**効果**」が30字でお客様にわかりやすく言い表されているかを確かめてください。

こう言うと、「私の扱っている商品は効果がたくさんあって、どれを言えばいいのかわからない」なんていう方がいらっしゃいます。

どんなときでもポイントは、お客様の立場になって考えるということです。お客様が商品を使われる立場に最も役立つ効果を伝えればいいのです。

また、自分の扱っている商品は効果がないなどと言う販売員もいます。しかし、100

円の消しゴムにも、文字を消すという効果があります。その効果があるからお客様は10円を払っています。10円のアメにも、満足感を得たり気分転換ができたりするという効果があります。

確実な効果があるからこそ、値段がついている。代金を支払うのはお客様なのですから、お客様がそのお金と引き換えに得られる効果をアピールすることがとても重要なのです。

法則7

商品説明には「数字」を入れる

商品説明には、できるかぎり数字を入れましょう。理由は、次の2点です。

1、商品の効果を客観的に証明するため
2、お客様のイメージを膨らませるため

たとえば、あなたが男性に人気のスーツを販売しているとしましょう。30字でそのスーツを紹介するとき、数字を入れるとどうなるでしょう。

A「このスーツを着ていたら、女性にモテますよ」
B「100人の女性にアンケートを取ったところ、95人の女性がこのスーツを『かっこいい』と答えているんですよ」

Aも具体的ですが、Bには数字が入っているので、「販売員の主観ではなく客観的にモテる商品である」と伝わります。

また、数字が入ることで、お客様が商品購入後をイメージしやすくなります。特に、ほめられたいとか、認められたいという欲求は、人間の欲求のなかでも強い欲求のひとつです。ツカミに欲求を満たす要素を入れることで、お客様の関心度が確実に高まるのです。


では、なぜ、お客様の商品購入後のイメージを膨らませる必要があるのでしょうか？

お客様が商品を購入することで得たいものは、自分の理想とする未来、しかも「確実な未来」です。それが手に入るのであれば、お客様は喜んでお金を支払われます。

しかし、不確実な未来であれば、お金を支払いたくないでしょう。ただそれだけのことなのです。漠然とした言葉では、人の心は動きません。イメージもできません。得られるものが具体的かつ確定的なものだからこそ、購買へと人は動くのです。

実は、こうした具体的にイメージを喚起する数字や言葉によって、人間の記憶力は2倍以上高まるということが、カナダのモンクトン大学の心理学者、ウォルド・オニールの実験によって証明されています。

数字というのは、誰が聞いてもわかりやすいものです。「パンテーン」というP&G社のヘアケア製品のCMでは、数字が効果的に活用されています。そのCMのキャッチフレーズは、

「続けてください、14日間」「14日間、もっと潤って、なめらかな髪に」

聞き覚えがありませんか？　私の独自の調査では、女性は100％に近い認知率です。シャンプー業界は現在、熾烈な競争が繰り広げられているのですが、パンテーンはつねに売上5位以内に入っています。数字の威力が一役買っているのではないでしょうか。

パンテーンはトリートメントも売れていて、こちらは「3日に1度のスペシャルケア」というキャッチフレーズです。やはりイメージが湧きやすいですよね。

このように、数字を入れることで消費者の心をつかむことができるのです。

数のオンリーワン効果を狙う

商品をよりしっかり覚えてもらうために、「その商品が一番映える数字」は何かを考え

ましょう。これを「数のオンリーワン効果」といいます。

日付や時間だけでなく、順位でもいいです。お取り寄せランキングで1位になった、贈答品のランキングで1位になったというのは、誰もがそれを選ぶという群集心理を利用しています。

商品の重さもいいですね。たとえば、あんパンならあんこが「100gも入っている」と重さを示すことによって、ボリューム感、お得感が出る。逆にバッグなどでは、「わずか200g」と軽さを示すことによって、商品の特徴が伝わりやすくなります。

ほかには、商品の配送スピードもいいでしょう。ご注文を受けてから届けるような商品では、スピード感がその商品の特徴を示す場合もあります。たとえばサイズ合わせで数日かかる指輪などの商品であれば「7日後にはお届けできます」、家電などなら「2日以内にお届けが可能です」など、数字で表現できることはいろいろあります。

法則8

お笑い芸人を参考に「擬声語」を使う

お客様のイメージを膨らませる表現方法のひとつに、「擬声語」があります。擬音語と擬態語の総称が、擬声語といわれています。

擬音語は、物が発する音を言葉で模倣したもの。たとえば、ヤギの鳴き声の「メイメイ」が擬音語です。

擬態語は、状態・感情など、音を発しないものを言葉で表現したものです。静けさを表す「しーん」は、実際には聞こえません。聞こえないけれど、言葉にするとその状態がわかりやすくイメージできるのです。

擬態語は、芸人さんが状況説明をするときによく使っています。たとえば、「この間、転びまして」と言うのと、「この間、ずてーん転びまして」と言うのでは、イメージが大きく違いませんか？

「ズボンを下ろされまして」と言うのと、「ズボン、ずりー下ろされまして」と言うのでは、どうでしょうか。

擬声語を使ったほうがイメージが湧きやすいのです。これを商品説明で使わない手はありません。

擬声語の4つの効用を活用する

擬声語には4つの効用があると私は考えています。

効果1．擬声語を使うと、商品の難しい説明がとても簡単に聞こえます。

東レの「トレビーノ」という、古舘伊知郎さんが大昔にCMをやっていた浄水器があります。水道の蛇口につけるだけで浄水効果がある製品です。

私はそれを販売することになったのですが、メーカーの東レさんが「こういう説明をしてください」と示してくれた説明が、とても難しかったのです。活性炭カートリッジが何層になっている、中空糸フィルターが浄水効果を引き立てているなど、新技術を専門的用語で説明していました。

男性はそういった技術的な話が好きかもしれませんが、主婦は難しい話を面倒くさがる人が多い。トレビーノを使ったらどのような効果が表れるのか、この説明では伝えられないと思いました。

そこで私は、お客様にこう伝えました。

「お母さん、これね、めちゃめちゃ簡単だから。**パカッ**て箱を開けて、**パチン**ってつけてね、**くるくる**ってしたらね、あとはおいしいお水が**じゃー**っと出ますから」

するとお客様は、

「あら、そうなの。簡単なのね」

と買ってくださったのです。「パカッ」「パチン」「くるくる」「じゃー」という擬声語を活用することで、お客様が自分自身で商品を使っているところをイメージしやすくなるのです。これが「まず、蛇口にはめていただいて……」と言うと、何となくしかイメージできません。技術的に難しい商品であればあるほど、擬声語が活用できるのです。

効果2. 擬声語を使うと、イメージしやすくなります。

たとえば、お客様が身につけているアクセサリーを見て「すごくきれいですね」と言うより「キラキラして、とてもきれいですね」と言ったほうが、お客様がイメージしやすくなります。

ストライプの洋服なら、「ストライプです」と「縦のラインがスーッと入っていますので、すっきり見えますよ」とでは印象が変わってきます。

また、「こちらはシルクです」と言うのではなく、「こちらはシルクで、つるつるしていて肌触りがいいです」と擬声語をひとつ入れるだけでも、お客様のイメージがだいぶ変わってくると思います。

また、お客様に修理した商品をお渡しするシーンでも、「これで大丈夫です」ではなく、「もうこれでバッチリ大丈夫です」と言うだけで、安心感が変わってきます。

効果3. 擬声語を使うと、時間を長く表現することができます。

たとえば、木製家具を販売していて、「こちらは職人さんが、ゆっくりと時間をかけて作った木製家具です」と言うのと、「こちらは職人さんが、こつこつ、こつこつ、ゆっくりと時間をかけて作った木製家具です」と言うのとでは、頭に描くイメージが異なりませんか？

「こちらのカレーは、じっくりと煮込んだのでとてもおいしいです」と、「こちらのカレーは、ぐつぐつ、ぐつぐつ、じっくりと煮込んだので、とてもおいしいです」とでは、後者の方が時間をかけて煮込んでいる感じが出ていませんか？

時間を伝える場合は、2回繰り返すと効果的です。

効果4．擬声語を使うと、食べ物や飲料のおいしさが伝わりやすくなります。

たとえば、「こちらの桃は岡山産ですごくおいしいですよ」と「こちらの桃は、がぶって噛んだらじゅわーって果汁が出てきて、もう一口噛んだらじゅわーって出てきて、めちゃくちゃおいしいんですよ」とでは、後者のほうがまるで自分の口に含んだように感じられると思います。

お客様の頭に入りやすいように商品の特長を伝えたいときには、擬声語が大活躍するのです。

法則9

「ビフォー&アフター」で変化の大きさを伝える

ツカミの30字に「使用前と使用後の変化」を入れるようにすれば、効果がどのくらいあるかをさらに印象づけることができます。

お客様は、商品を使ったことによる変化が大きければ大きいほどお金を出します。

以前、「橋本さんがネットショップをやるなら何を売りますか？」と聞かれたことがあります。私が真っ先に挙げたのはダイエット商品です。ダイエット商品はとても売れます。通販番組でも王道ですね。変化を実感しやすい商品だから売れるのです。

この変化を実感させる表現方法が「ビフォー&アフター」なのです。

例を挙げましょう。花王の「トイレマジックリン 消臭・洗浄スプレー ミントの香り」は、効果がビフォー&アフターでわかりやすく表現されています。

「ミントの香りでニオイが消える、これ1本で中も外もピカピカに♪」

まず「ニオイが消える」と、この商品を使うことで得られる効果が入っています。さらに、「これ1本」と数字が入っている。「ピカピカに」と擬声語が入っています。

トイレ洗剤の業界は競争が激しく、P&Gとライオン、花王の3社でシェア争いをしています。

この3社のなかで、花王の「トイレマジックリン」が圧倒的な売上を誇っています。一番高額なのにもかかわらず、です。これは、お客様に商品のよさが確実に伝わっているからでしょう。店頭でパッと見てすぐに伝わるからこそ、「トイレマジックリン」は素晴らしい好成績を収めているというわけなのです。

逆に、30字でもなかなか伝わらない商品説明は、次のようなものです。

「今までにない強力洗浄効果がある、新素材を使ったトイレの洗剤」

まったく心に響いてきませんね。続きの説明を聞こうと思わないでしょう。

皆さんは、ぜひ「ビフォー&アフター」と「擬声語」の活用で、商品の魅力を最大限に伝えてください。

法則10

男性と女性で説明方法を変える

男性と女性では、脳の仕組みが異なります。特に脳梁《のうりょう》と呼ばれる左右の脳をつなぐ神経の束は、女性のほうが太いといわれています。

女性は左脳の特徴である合理的な考え方と、右脳の特徴である情緒的な考え方を同時にして、周りから与えられた情報を処理しています。そのため、女性はマルチタスクな考え方をする人が多い傾向があります。

男性の場合は情報処理において、合理的な考え方か情緒的な考え方の、どちらかひとつずつしか使えません。そのため、男性はひとつのことに集中し、絶えず目的達成に向かって切磋琢磨する傾向にあります。

買い物でも直線型の男性、寄り道型の女性

これは、買い物においても同じようなことがいえます。男性のお客様には、金額なら金額、機能なら機能と、接客中にその方の商品（物）に対するこだわりを見極め、そこに的《まと》をしぼって説明すると購入に結びつきやすいといわれています。その理由は、ひとつのことにしか集中できない方が多いからです。

また、男性はひとつのことにしか集中できないことから、買い物も直線的です。

男性が買い物をするときには、まず購入する時期や予算などの計画を立て、インターネットで機能と価格とデザインをリサーチし、お店に行き、購入する。このように、プロセスをなるべく縮めて最短距離を取りたがります。

一方、女性は買い物の間、左脳も右脳も反応し、自分が置かれた状況の全体像を把握しています。「寄り道型」といえるでしょう。途中で他の商品が気になり、冷蔵庫売場に向かっていたのに電子レンジを見てみたり、フライパンを買いに来たのに毛布を見てみたり

することもしょっちゅうあります。

そして、**女性は販売員のこともよく見ています。「この人から買いたくない」と思ったら、絶対に購入しません。**そういう情緒的な面も重要視しています。商品に情感をつけているわけですね。だから、購入しても返金や返品が多いこともあります。

関西のおばちゃんは、販売員の教師だ！

私は兵庫県出身で、今では全国で仕事をさせていただいていますが、販売員としての人生は関西でスタートしました。

修業時代は関西で販売をしていたわけですが、プロの販売員になるうえで、関西修業は非常にメリットが大きかったと考えています。

なぜならば、関西のおばちゃんは、販売員に厳しいからです。

皆さんは、関西のおばちゃんにどんなイメージを持っていますか？

「せわしない」と言う人もいるでしょう。関西のおばちゃんを見ていると、エスカレーターに乗っていても最後の二、三段目は勝手に足が動いてしまう。歩く歩道でも、待っているよりは歩く。ちょっと前のめりの人が多いのです（笑）。

しかも、特に用事もないのに目の前に人がいると、「ちょっとどいて」とかき分けてガンガン進んでいく。販売員の話は聞かずに、勝手に話す。

私が「何かお探しですか？」と言っても無反応で、ダーッとマシンガントークで自分の話だけをして、去って行く。そんなおばちゃんがそこらじゅうにいるのです。関東の人は自分の話が相手に伝わっていなければ、会話を止めたり言い直す人が多いのですが、相手に伝わっていなくても延々話し続けるというのが、関西のおばちゃんです。

彼女たちはつねに忙しくしているうえに、こちらの話はほとんど聞かない。そんな人たちにどうやって話を聞いてもらうかを、つねに考えざるを得ない状況でした。「30文字の法則」（136ページ）や「擬声語を活用する」（144ページ）という技術は、ここから生まれたのです。

また、販売員がひとつ言うと、それに対して10の質問が飛んでくるというのも関東の人には見られない傾向です。他人の言ったことにツッコむのが、関西のおばちゃん流。とにかく、口を挟まなければ気がすまないんです。

「それ、なんぼ?」から始まって、商品について根掘り葉掘り聞かれる。ちょっとわからないことがあると「なんでやねん」「それ、おかしいやん」と来る。いろんなことをツッコまれるので、どういう点がツッコまれやすいのかが理解でき、クロージングの技術も磨かれました。

それから彼女たちは、とっても派手ですよね。ヒョウ柄プリントのみならず、ヒョウやトラの頭がプリントされた服を着ている人がたくさんいます。なぜ、あのような服を着るのか、関西人である私も理解できませんでした。

店舗でそういう関西のおばちゃんを見るにつけ、自分の価値観で物を測ってはいけないということを学んだものです。

そして、彼女たちは損得勘定がとてもしっかりとしています。関西のおばちゃんは、安く買ったものを周囲に自慢するクセがあるのです。だから、タダや特価という言葉に敏感で、街で配られているティッシュは必ず受け取りますし、「もっとくれへんの?」と言ってみたりもする。「おいくつでもどうぞ」と言われたら全部持っていく。とにかく、お金に厳しいのが関西のおばちゃんなのです。

どんなときでも他の商品と比べて、納得したら、「こっちの方が得やな! ほな、こっち買うわ!」とお得な方

を購入します。

シャンプーを販売しているときに、おばちゃんから「ちょっと電卓貸して」と言われ、「一体、何に使うんだろう？　まとめ買いの計算かな？」と思っていたら、お店にあるシャンプーを見比べ、1g単位で価格を割り出しているのです。これには「えーっ！」と驚いてしまいました。

おばちゃんたちの自由な行動に最初は私も唖然としていましたが、こういったお客様に山のように出会っているうちに慣れてしまいました。

そんな環境に身を置いていたため、いつしか販売技術が磨かれていったのでしょう。関東は、関西と比べればお客様は販売員の話を聞いてくれますし、関西のおばちゃんほど価格に厳しい方もいらっしゃらない。ですから、関西で培った販売技術を思い切り発揮することができました。

みなさんもぜひ一度は、関西で販売を経験してみてください。厳しいですけれども、販売のコツがつかめると思います。

第5章

売れる販売員 クロージングの法則

売れる販売員は
クロージングが
大好きである

法則1

自分とお客様のお財布は分けて考える

クロージングとは、お客様に商品を購入していただけるのか、そうでないのかをハッキリさせる行為です。

この白黒ハッキリさせる行為を苦手とする販売員がとても多いです。特に、いい人過ぎる販売員に多いような気がしています。

いい人過ぎる販売員に多いというのには、理由があります。**クロージングが苦手な人は、つい自分を悪者にしてしまう、セルフイメージ（自己評価）が低い人が多い**ことがわかっているからです。

セルフイメージの低い販売員は、自分のお財布とお客様のお財布を混同しがちです。「この人にお金をつかわせてしまって悪いな……」と思うあまり、自分のお財布とお客様のお財布の区別がつかなくなってしまうのです。

仮に、ある販売員が毎月洋服につかえるお金を1万円だとしましょう。セルフイメージの低い販売員の場合、お客様がつかえるお金も1万円と考えてしまうのです。

そして、お客様が買うかどうか悩んでいるときに、「この人は、お金がないから買えない」と勝手に判断をして、クロージングするのをやめてしまいます。なかには、しなくてよい値引きをして、クロージングしてしまう販売員もいます。


セルフイメージの高い販売員の場合、自分のお財布とお客様のお財布をハッキリ分けて考えることができます。

お客様が悩んでいるときも、「この人にお金をつかわせてしまって悪い」と考えるのではなく、「なぜお客様が購入するのを躊躇《ちゅうちょ》しているのか?」に注目して、クロージングを進めています。だから、売れるのです。

以前、ヤクルトの社員研修に携わったときに、社員の方たちのセルフイメージの高さに驚いたことがあります。彼女たちは商品のみならず、会社がとても好きです。自分たちの商品に誇りを持っており、商品をお客様に届けることに使命を感じている人もいらっしゃいます。

だから、クロージングをするときにも迷いがありません。「お客様に悪いな」と思いながらすすめるのではなく、本当に自信を持っておすすめできるので、クロージングがうまくいく人が多いのです。

なぜそんなに、ヤクルト社員はセルフイメージが高いのでしょうか？　それは、商品を売ろうと思うのでなく、「商品を伝えるのが販売員の役割である」と自覚しているからでしょう。

自分が「いいな」と思わない商品を売り込もうと思えば、お客様に申し訳ないと躊躇してしまうこともあるかもしれません。販売員としての自分の役割が曖昧になっているからです。

しかし、「素晴らしい商品をお客様に伝える」という自分たちの役割を見失わなければ、セルフイメージを高く保つことは誰でもできることなのです。

クロージングをするときには、何よりもまず、自分の役割をもう一度見直すことが大事です。自分には、「商品をお客様に正しく伝える役割がある」と誇りを持つことが、自分のセルフイメージを高める最初のポイントになります。

自分とお客様の収入は分けて考える

自分の月収が20万円だとして、

お客様も同じと考えてはいけません。

お客様のお財布を心配するのは失礼です。

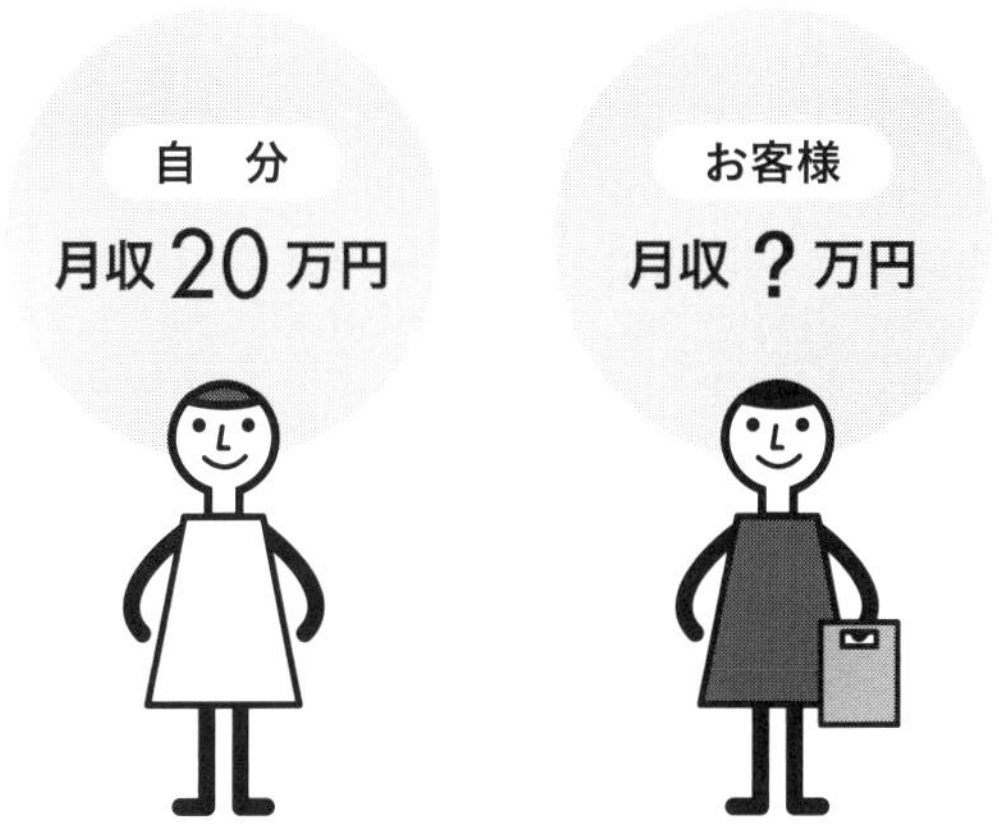

法則2

売れなくても、自分を責めない

現場の最前線にいる販売員は、お客様からのクレームを直接受ける立場にいます。このため、クレームを怖がる販売員が多く、それがセルフイメージの低下に拍車をかけているケースも少なくありません。

特に販売している商品の金額が高くなればなるほど、商品に対する責任感が強くなってしまい、なかなかクロージングできないという人も多いです。

お客様からクレームをもらいたくない、という気持ちはわかります。しかし、どんなに完璧な接客をしていても、クレームは1件や2件、必ず発生するものです。そんなときに自分を責めるか、責めないか、それがセルフイメージを高められるか、そうでないかの大きな違いになります。

私はプロ販売員として駆け出しの頃、クロージングにおいて、50回連続で断られたことがあります。

普通の販売員であれば、50回も連続で断られたら、販売員を辞めてしまうかもしれません。それでも私が辞めなかったのは、これはひとつの実験であると考えていたからです。

「仮に売れなくても、自分の性格が否定されたわけではない」

「試した実験がうまくいかなかっただけ」

そう考えて、試行錯誤を繰り返し、毎日店頭に立っていたので、何度断られてもセルフイメージを下げることなく、最終的には成果を上げることができたのです。

このとき、「自分は販売に向いていない」「自分はなんてダメな人間なんだろう」と、売れないのを自分のせいだと思っていたら

どうでしょうか？　どんどん卑屈な考え方になっていってしまいます。

お客様に嫌われたくないから、クロージングをなるべく避けようと値引きしたり、商品をおすすめしなかったりするようになります。そして何をしても売れなくなると、ついには販売員を辞めてしまうことにもなりかねないのです。

売れなくても自分を責めないことが、クロージングにおいて、そして販売において、とても大切なのです。

法則3

お客様の即決金額がわかる「申告額÷2＋α」

法則1でお伝えしたように、クロージングでは販売員とお客様のお財布を混同してはいけません。

販売員がこれくらいは大丈夫だろうと思っても、お客様のお財布にそれほど余裕がなかったり、これ以上は無理だろうと販売員が思っていても、予想以上にお金をつかってくださるお客様もいらっしゃいます。

私の友だちに清水さんという25歳の女の子がいます。彼女は洋服を買うとき、財布に50万円を入れて店に行きます。

若い女性だからといってお金がないと決めつけるのではなく、お客様に予算をうかがいながらご希望の商品を提案し、購入してもらうのがいいのです。

大きな間違いは、お客様の予算を聞かずに見当違いな商品を提供すること。

お客様には、必ず予算があります。その予算を知ってクロージングをかけるのと、そうでないのとでは、結果が大きく異なるのです。

最初にお客様の予算、特に即決金額をお聞きし、その範囲の商品を提供してクロージングをかければ、成功率は8~9割まで上がります。

即決金額がわかれば、倍のお客様にアプローチできる

では、どのようにうかがうのか?

仮に、お客様がダイヤモンドのアクセサリーを買いにきているとします。

頃合いを見て、まず限界の金額を聞きます。

「『このくらいになると手が出せないな』という値段はどれぐらいですか?」

もしお客様が「うーん、5万円だと厳しいかな」とおっしゃった場合、即決金額は「5万円÷2」に少し色をつけたぐらいになります。2万8000円ぐらいでしょうか。同

じようなデザインでその金額であれば、即決してご購入されるということです。

この即決金額を知らなければ、もっと高い商品をおすすめしたり、逆に安過ぎる商品を紹介したりして、お客様からの信頼を失いかねません。特に、安過ぎる商品を紹介されるというのは、お客様としてはプライドを傷つけられるようなものです。気分を害してしまいますよね。それで「もうこの店には来ない」ということになってしまうのです。

ただし、この「即決金額」を計算する方程式には例外もあります。お客様によっては、とてつもない見栄を張る方もいらっしゃるので、はずれるときがあるのです。


この方程式はあくまでも目安ですが、お客様のご予算に見合った商品を提供することができれば、それだけでクロージングの時間を短縮させることができます。

たとえばこれまで、クロージングの時間を含めて1人1時間の接客をしていたのが、即決金額を知ることで接客時間を半分に抑えることができたと考えてみてください。販売員の労働時間が8時間であれば、それまで8人にしかアプローチできなかったのに、16人にアプローチできます。

多くの人にアプローチしているので、結果として、売上も上がるというわけです。

法則4

「感情」と「理性」の壁を越える

いくらお客様の欲しい商品が予算の範囲内だからといって、すぐに購入に結びつかないのは、みなさんご存じでしょう。

お客様が商品を購入しない理由は、その商品を買いたいという「感情」が動いていないか、損得の計算をする「理性」が納得していないかの、必ずどちらかです。

「感情」と「理性」。この2つの壁を越えることで、クロージングを成功させることができます。

このことを実感していただくために、みなさんにこれから質問をします。

Q1　あなたが最近購入した、1万円以上の商品を書いてください

※　購入した物は、サービスでも結構です。百貨店や路面店などのリアル店舗、ネットショップ、通販番組などどこで購入されたものでもかまいません。

商品名［　　　　　　　　　］
購入金額［　　　　　　　　］
購入場所［　　　　　　　　］

Q2　あなたは、なぜこの商品を買ってしまったのでしょうか？

［　　　　　　　　　　　　　　　　　　　　　　］

いかがでしょう。答えられましたか？

「それを購入すると楽しい気分になれそうだったから」とか「商品を購入しなければ不安だったから」などと答えた人は、クロージングにおいて「感情」を重視するタイプです。

一方、「他のお店や商品と比較して一番安かったから」とか「この商品が一番性能がよかったから」など、金額や比較について答えた人は、クロージングにおいて「理性」を重

クロージングには2種類ある

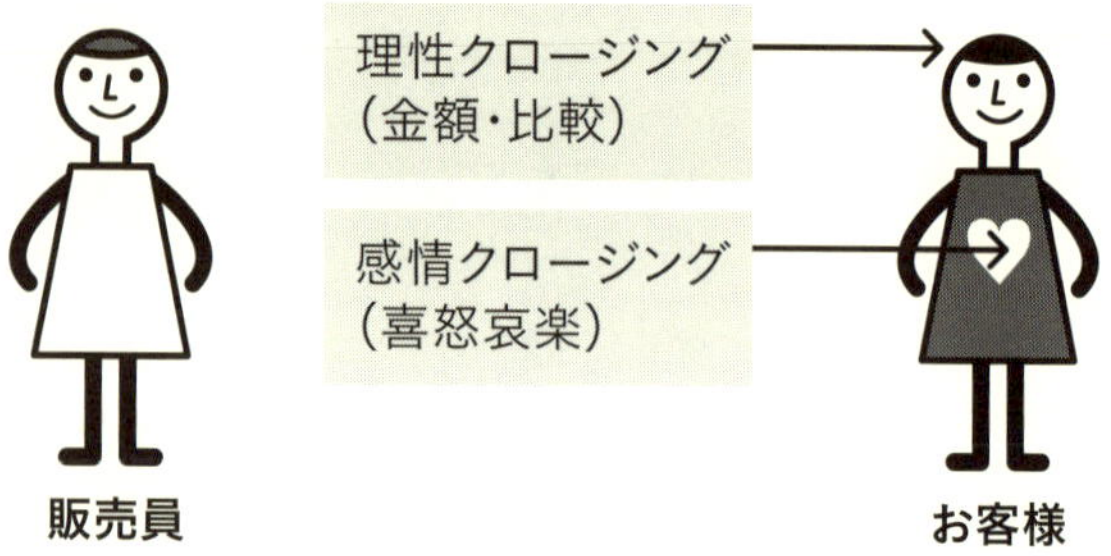

視するタイプといえるでしょう。

　このようにクロージングには、「感情」からのクロージングと、「理性」からのクロージングの、2方向からのアプローチが必要なのです。

　これからそれを、詳しく説明していきます。

法則5

「喜怒哀楽クロージング」でお客様の心をとらえる

まず、「感情クロージング」について説明します。

あなたが何かを買おうと思うとき、最初に「感情」が動きますよね。

たとえば、店先で洋服や靴を見て、「いいなぁ。あのお洋服と靴が欲しいなあ」と思ったとしましょう。このとき頭の中では、何が起こっているのでしょうか?

神経伝達物質のドーパミンが脳内を駆けめぐり、あの商品を購入すれば幸せになれるという期待感をあなたにもたらします。そのうちに、あれを何がなんでも購入しなければ気が済まない、そんな気持ちになってきます。

一方で脳内にドーパミンが放出されると、脳内のストレスセンターに信号が送られます。その結果、自分が欲しい物を期待すればするほど、同時に不安がつのるようになります。期待が高まってウキウキしている反面、ものすごい不安を抱えるようになるのです。

「このお洋服、とってもかわいくて欲しいんだけど、来月の支払いがキツくなるなあ……」

まさに、喜びと不安が入り交じっている状態。これが、クロージングにおける感情の壁です。この壁をお客様が乗り越えなければ、残念ながらご購入には至りません。

感情の壁を乗り越えるためには、喜びか不安か、どちらかの感情をお客様自身で処理して、感情の壁を取り払ってもらうしかありません。

お客様は、喜びが強く出るタイプと、不安が強く出るタイプの2種類に分けられます。

このような、買い物における相反する感情の葛藤を、私は「喜怒哀楽」で表現しています。

ウキウキすると買いたくなるタイプ

欲しい物を見てウキウキした気分になると購買意欲が高まるタイプは、「喜」や「楽」に反応するタイプです。このタイプは、**「ウキウキクロージング」**でその壁を突破するようにします。

たとえば、「このお洋服にこの靴を合わせたら、お友だちがうらやましがりますよ」とか、「春らしくて外出が楽しみになりますよ」などの声をお掛けして、「喜」「楽」の感情を盛り上げるのです。

不安になると買いたくなるタイプ

一方、買い物に不安を感じる方は、ちょっと複雑です。「買い物そのもの」に不安を感じている方が多いからです。感情の「怒」「哀」に反応するタイプです。

お客様の断り文句で多いのが、「私はアルバイト生活だから、そんな高価なものは買えない」といった「金銭的理由がある」パターンです。しかし、この不安は究極のところ「アルバイト生活」という生活背景にあるので、販売員がその場で打ち消せるものではありません。

そこで、このタイプのお客様には、「商品を購入しないことによる不安」を見つけていただく必要があります。なぜなら、このタイプの方は、自分の不安を和《やわ》らげるものを見ると購買意欲が高まるからです。

そのために、**「このままでもよろしいでしょうかクロージング」**を行います。

これは、その名の通り、「このままでもよろしいでしょうか……」と言い、お客様に考えていただく方法です。商品を得られないことによって生まれる不安に目を向けていただくわけです。

「怒」「哀」に反応する人は、まず買い物に対する不安を口にするはずです。

「確かにこのお洋服、かわいいんですけれど、お金がなくて買えないんですよ」

売れない販売員であれば、「ああ、そうなんだ。じゃあおすすめするのはやめよう」と思いますが、そうではないのです。

お客様は「買い物に対する不安」をあなたに伝えているだけで、解消してほしいと言っているわけではありません。

ですから、あなたは商品を買わないことによるリスクを説明するのです。もちろん、押し売りをするわけではありません。

「このお洋服を着たら、あなたはもっとかわいくなるのに、よろしいのでしょうか……？」

とお伝えするのです。これだけで、その人の心は大きく購入へ動くことになります。一度は断っても、後日やはり購入しますと来店してくださる方が多いです。

買い物に喜びを感じるお客様、不安を感じるお客様。それぞれに適したクロージングを心がけましょう。

法則6

値段で迷われるお客様には、「価格の理由」を説明する

次に、「理性クロージング」を説明いたします。

どうしても買いたい商品が予算内だったとしても、値札を見ながら検討しているうちに、「もう少し考えよう」という気持ちになったことは、誰にでもあると思います。

これが買い物における「理性」の作用。販売員にとっては、クロージングでぶつかる第2の壁です。損得勘定をする理性が、お客様の購買の決心をにぶらせるのです。

この壁を越えることができなければ、クロージングは成功しません。

理性の壁を越えるためには、なぜ、その商品がその値段であるのかを説明する必要があります。

たとえば、あなたが宝石店で働いていて、定価20万円のダイヤモンドネックレスをお客

様が高いと感じていたとします。

この場合、なぜこの値段になるのかを説明します。ダイヤモンドネックレスの原価の多くは、ダイヤモンド原石を掘削する手間にかかっています。それを説明するのです。

「ダイヤモンドは、全世界で産出量が限られており、希少性が高いというのはご存じでしょう。なぜそんなに希少性が高いのかというと、1tものダイヤモンドの鉱床《こうしょう》から採掘できるのは、たったの1カラット、つまり0.2gしかないからなんです。採掘する手間がかかり、技術が必要だからこそ、20万円なのです」

こうしてお客様の理性を納得させることができれば、ご購入いただくことができます。

商品の「価格の理由」を考えてみましょう

書き込みワーク

●商品名 ［　　　　　　］ ●値段 ［　　　　］円

（あなたが販売している商品を書いてください） （お客様に見積もりを取る場合は、よく出る値段を書いてください）

Q. なぜその商品は ［　　　］円（上の値段の半額を入れてください）ではなく、

［　　　］円なのですか？

その理由を書いてください。

［　　　　　　　　　　　　　　　　］

お客様に「値段が高い」という断り文句を言われたら、この理由を説明しましょう。

書き込みワーク（例）

●商品名 ［ダイヤモンドネックレス］ ●値段 ［20万］円

（あなたが販売している商品を書いてください） （お客様に見積もりを取る場合は、よく出る値段を書いてください）

Q. なぜその商品は ［10万］円（上の値段の半額を入れてください）ではなく、

［20万］円なのですか？

その理由を書いてください。

ダイヤモンドは、全世界で産出量が限られており、希少性が高い。1tものダイヤモンドの鉱床から採掘できるのはたったの1カラット（0.2g）しかないから。採掘する手間と技術がかかるからこそ、20万円。

お客様に「値段が高い」という断り文句を言われたら、この理由を説明しましょう。

法則7

断り文句はお客様の「悩み」。一緒に解決して差し上げる

クロージングでお客様に断られても、落ち込むことはありません。むしろ、喜ぶべきだと私は思っています。

というのは、断り文句は、お客様が商品を購入したいけれどもできない、悩みそのものだからです。

その悩みをお客様と一緒に解決する、それが販売員に求められていることです。

よく「断られるのは、お客様が興味のないものをすすめているからだ」と悩んでいる販売員を見かけるのですが、**そもそものお店の商品に興味がないお客様は、来店することはありません**。

たとえば、アニメに興味がないのにアニメ専門店に入ることはありませんよね。それと一緒なのです。

お客様が購入するときは、予算や気持ちがピタッとはまったときです。どこか一部分、気に入ってもらえないところがあるので、お客様は断り文句を言うのです。

私も販売員をスタートしてから3年ぐらいは、クロージングがすごく嫌いでしたが、お客様の断り文句は悩みであるということに気がついてから、クロージングがとても楽しくなりました。

断り文句はパターン化されている

お客様の断り文句というのは、お客様がいれば十人十色というわけではなく、パターン化されています。ですので、販売員どうしでお客様の断り文句を出し合い、その対処法を考えることで、お客様の悩みを解決することができます。

ではみなさん、お客様の断り文句や断り理由を試しに書いてみましょう。

あなたがお客様によく言われる断り文句・理由を書いてみましょう

	お客様の断り文句・断り理由	あなたの対処方法
お客様の断り文句・断り理由 第1位		
お客様の断り文句・断り理由 第2位		
お客様の断り文句・断り理由 第3位		
例)		
アパレル(洋服)	**「他も見て考えます」**	**「シーズンの入れ替え時期なので、次回お越しの際はないかもしれないんです」**

たとえば、アパレル業界で多い断り文句や断り理由は、次のようなものです。

第1位「値段が高い」

法則6でも扱いましたが、よくある断り文句、理由のひとつです。

値段が高いと言われる場合、お客様が欲しいと思った商品が予算ギリギリである場合が非常に多いといえます。もし予算を大きく上回っていれば、高いとは言いません。そのままお帰りになられるはずです。目の前にある商品をあきらめられないからこそ、高いと言っているのです。

そこで、商品知識の説明、値段説明、競合店との比較説明を行い、お客様に納得していただきましょう。もちろん、法則6で考えた「価格の理由」を説明することも忘れずに。

第2位「流行物は今年しか着られないから、買うともったいない」

このような断り文句を言うお客様は、「商品はいい」と思っていますし、実際にもう買おうと考えています。しかし、不安な感情の壁が立ちはだかり、なかなか購入に至ることができません。

この断り文句には、次のようなアドバイスをするといいでしょう。

「アレンジ次第で来年も着ていただけます」

「最近の傾向では、トレンドは2〜3年続くので来年も着られますよ」

第3位「同じようなものを持っている」

趣味や嗜好というのは、そんなに大きく変化するものではありません。だから同じ物を選ぶわけです。

どうしても同じ物を選んでしまうのを逆手にとって、お客様に異なる視点を提案して差しあげるということが重要です。

次のようなアドバイスが有効でしょう。

「好きなものは、やはりお似合いになるんですよ」

「同じものでもよく着られるなら、洗い替えに必要ですよ」

「色違いで買われる方もいらっしゃいますよ」

「普段のお洋服はどんな感じですか？（お客様に合わせたコーディネートを提案する）」

「このような組み合わせもできますよ（雑誌をお見せしてイメージを膨らませる）」

感謝の心を忘れないようにしよう！

毎日同じことの繰り返しになりがちな販売員の生活ですが、同じことを繰り返していては成長はありません。売れる販売員になるためには、自分の考え方から変える必要があります。

かといって、引っ越しをするとか仕事を変えるとか、生活を大きく変えるということではありません。ちょっとした習慣、感謝の習慣から変えてみることをおすすめします。

私は、朝起きてから売り場に立つまで、次のように行動しています。

朝起きたらまず、ふとんに感謝します。「寝かせていただいて、ありがとう」

次にパンとコーヒーに「食べさせていただいて、ありがとう」

服に「着させていただいて、ありがとう」

服を作ってくれた人に「服を作ってくれて、ありがとう」

電車に「乗せていただいて、ありがとう」

電車を作ってくれた人に「電車を作ってくれて、ありがとう」

お店に「入店させてもらって、ありがとう」
店を作ってくれた人に「店を作ってくれて、ありがとう」
商品に「お店に来てくれて、ありがとう」
商品を作ってくれた人に「商品を作ってくれて、ありがとう」

私が使うすべてのものに、私が使うまでのストーリー、つまり、誕生からお店に並び、購入し、使うまでを思い描いて感謝します。

販売員が商品を見るのは、できあがった商品がお店に届いてからなので、誰が作ってくれたのか、どんな人がどんなふうに作ったのかはわかりません。しかし、作ってくれた人を想像して「ありがとう」と思うことは、販売人としてとても重要です。

第1章でも書きましたが、感謝することで商品を大事に扱うことができますし、その商品に携わっている人の存在を感じることができます。商品が生まれてきた背景を感じることによって、実感をもってお客様にお伝えすることができるのです。

この考えに至るまで、7年かかりました。それまでは恥ずかしいことに、「売ってやっている」

とさえ思っていました。その商品がお店に届くまでのストーリーなど想像することもなく、商品をあたかも急にポーンと出てきたモノとして見てしまっていました。そういう見方をしていると、売上にも影響し、良いときと悪いときの波が激しいのです。

ところが、7年かかってようやく「売らせてもらっている」と気づいたとき、不思議と売上の波はなくなり、つねに一定の売上が出るようになったのです。

売上に波があると感じている人は、まず、自分が使っている商品に感謝することから始めてみてください。

あなたは、商品やすべての物質に感謝していますか？

第6章

リピーター獲得の法則

接客とは
自分のお客様を
つくること

リピーターがいれば、お店の売上が安定する

リピーターとは言うまでもなく、お店に何度も来てくれるお客様のことです。販売員のあなたとお店のファンともいえる、ありがたいお客様です。

販売員のみなさんは、つねに上司から「リピーターになってくれるようなお客様をつくりなさい」と言われているはずですが、なぜリピーターをつくらなければいけないか、考えたことはありますか？

答えは簡単です。お店の売上が安定するからです。

お店の売上は、月によってバラバラです。年末商戦のように多いときもあれば、2月や8月など寒すぎたり暑すぎたりして、少ないときもあるでしょう。しかし、リピーターに

なってくれるお客様さえいれば、お店の売上が安定するのです。

なぜ売上を安定させなければいけないかというと、お店を運営するためにかかるコストは一定だからです。 お店の家賃もそうですし、あなたのお給料も一定の金額を毎月売上の中から出しています。売上が少なくても、あなたの給料を下げるということはほとんどないでしょう。

お店を運営するためには、毎月一定のコストがかかっているわけですから、そのコストを支払うためにも売上を安定させる必要があるのです。

実はそのことを、普通の販売員は気にしていないことが多いのです。「自分の給料は、誰かがなんとか捻出《ねんしゅつ》してくれるだろう。だから適当にやっておこう」。

これでは、お店がつぶれてしまうかもしれません。お店がつぶれてしまえば、あなたの給料も当然、支払えなくなります。それではいけません。自分の働ける職場をきちんと継続させるためにも、売上を安定させるべく、努力をしましょう。

私は研修で、必ず聞く質問が2つあります。

質問1「あなたは入社して何年ですか?」
質問2「『あなたがいるからお店に来ているのよ』と何人のお客様から言われましたか?(言われてはいないが、そのような雰囲気のお客様は何人いますか?)」

この2つです。
何年何ヶ月勤務していて、何人のお客様にこう言われたか、思い出して書いてみてください。

約□年□ヶ月、「　　　　(店舗名)」に勤務していて、□人のお客様に「あなたがいるからこのお店に来ているのよ」と言われたことがある。

この質問をすると、入社年数が短いのにたくさんのお客様にこのように言われたことがある販売員がいます。たとえば、ある販売員は入社1年目で60人ものお客様に『あなたがいるからお店に来てるのよ』と言われました。その販売員は、リピーター獲得の技術を持っているといえるでしょう。

しかし、同じ商品を扱っている別の販売員は、入社10年目にもかかわらず、2〜3人にしか言われたことがなかったのです。

もしあなたが婦人服を扱っているお店で働いているのであれば、入社5年目で20人ぐらいは、自分のことを右のように評価してくれるお客様を持っていただきたいと思います。

もし、この数値に届かなければ、あなたの接客の仕方に「また来たい」と思わせるような要素がなかったと考えてください。

私は**「接客」とは「自分のお客様をつくること」**だと考えています。リピーターのお客様がいないということは、ただ立って商品を出す自動販売機と同じなのです。

法則2

お客様の「ニーズ」ではなく、「ウォンツ」を見つける

お客様のリピートを取れる販売員には、特徴があります。それは、お客様のニーズ（needs＝必要なもの）ではなく、ウォンツ（wants＝欲しいもの）を熟知しているということです。

お店に「ワンピースが欲しい」というお客様がやって来たとしましょう。

あなたならどうしますか？　お客様に求められた通りワンピースを提供しますか？

もし「提供する」と答えた人は、お客様のニーズしか理解していません。これでは、お客様はリピートしてくださいません。

お客様のリピートをいただくためには、お客様のニーズではなく、ウォンツに注目する

べきなのです。

ある商品が欲しいという発言の裏には、その商品によって満たしたい願望が必ず隠されています。花柄のワンピースであれば、「かわいく見せたい」という願望が隠されている可能性があります。

要するに、かわいいと思われたいという願望さえ満たせれば、商品はワンピースでなくてもいいのです。スカートでも、ブラウスでも、さまざまな商品をお客様のウォンツに合わせてご提案すればいいのです。

実際に、お客様もそのような接客を求めています。

お客様は商品の専門家ではありません。自分の願望を満たすには、どのような商品がピッタリ合っているのかわからないのです。そこで、販売員の出番です。

あなたが、お客様のウォンツを的確に読み、そのウォンツを満たす商品を提供できれば、必ずお客様はリピートしてくれるのです。

お客様の隠された願望を探り、ピッタリの商品を提供しましょう

法則3

お客様の悩みは2回繰り返す

先日、大手コスメメーカーの店舗に視察に行ったのですが、そこの美容部員が私のウォンツを見抜くのがとても上手で、視察に行ったのにもかかわらず、思わず商品を購入してしまいました。

私の悩みは、病気によって下がってしまった目でした。そう伝えると、その美容部員は、

「お客様のお悩みは、目を大きくしたいということですね」

と、私の悩みを繰り返してくれました。

このように、お客様の悩みを繰り返すことはとても重要です。相手に自分の悩みが伝わっていると、お客様が認識できるからです。

このとき美容部員がすすめてくれたのが、目が大きく見えるアイシャドウでした。色はブラウンですが、黒が混ざっていて、つけると本当に目が大きく見えるのです。

もし今度私がメイクで悩んだら、担当してくれた美容部員の方を探してでも接客を受けると思いました。リピーターの誕生です（笑）。

対応してくれた方が売れない美容部員でしたら、私の悩みを聞いても受け流して、「これってすごく売れているんですよ」と、一番売れている商品を紹介するだけだったに違いありません。

お客様の悩みを探り、それを解決する適切な商品を紹介することは、リピーター獲得に必要なことなのです。

法則4

セールストークは通販番組で勉強しておく

お客様の悩みを分析し、悩みを解決する方法を提案する――。そんな販売員にはリピーターが多いものです。どうすれば、そのような販売員になることができるのでしょうか。

ポイントは、お客様の立場になって、その悩みの解決方法を考えてみるということです。たとえば、私はもともとアレルギー体質で肌が弱く、自分に合った化粧品を見つけるために今まで使用した化粧品は100種類を超えています。そのため、知らないうちに肌の症状について詳しくなり、お客様のお肌を見ただけで、どのような症状があるのかわかるようになりました。

そして、肌の状態から最適な化粧品を選んで差し上げることができるようになってきたのです。

身をもって得た知識のおかげで、お客様にも商品をおすすめしやすくなりました。たとえば、シワを目立たなくするような化粧品をおすすめする場合は、まず原因を分析するようにしています。シワの原因は主に、

1. 肌の乾燥によるシワ
2. 顔の筋肉がおとろえたことによるシワ

の2つです。私はお客様のシワはどちらによるものかを判断し、化粧品を選んでおすすめしています。このアドバイスが好評で、雑貨やコスメを扱う横浜ロフトでは1本2万円の美容液を1日に10本以上販売することに成功しました。

販売員はコンサルタントのように、悩みを分析して、その悩みを解決することが重要です。

さまざまな商品を試すのはハードルが高いと思うならば、インターネットを活用すればいいのです。たとえば、シワについて情報を得たいのなら「シワとは」で検索すれば、原因や予防法、解消法などが出てきます。

また、ネットショップやカタログ通販の商品カタログを取り寄せて勉強するのもよいでしょう。こうしたカタログには、細かい情報が掲載されているので、お客様の悩みについて詳しく知ることができます。

通販番組で心を動かすストーリーを学ぶ

しかし、いくら悩みについて勉強し、また商品知識が頭に入っていても、お客様の悩みに合わせて説明できなければ意味がありません。そこで活用したいのが、通販番組です。

通販番組の商品説明は、「なぜこの商品がいいのか」ということが事細かに紹介されており、お客様の悩みに即応できるセールストークになっています。これは、通販番組にはストーリーが存在しているからです。

まず、どんな通販番組でも導入部分はお客様の悩みから入ります。「こんなことでお悩みではありませんか?」という問いかけからスタートし、それぞれのお悩みの事例を挙げていきます。商品が吸収力に優れたタオルであれば、「テーブルの上にお醤油をこぼしちゃった。こんなとき、お困りではありませんか？」という感じです。

そして、次にその悩みを解決する方法が提示されます。「そんなときには、〇〇タオルが大活躍！　こぼれた液体にパッとかけるだけ。数秒で吸収します」などです。


もちろん、それだけでは、視聴者は買おうと思わないでしょう。そこでお客様の声や、製法のこだわりなどを紹介するのです。

「うちは小さい子がいるので、よくジュースをこぼしてしまいます。すぐに吸収する〇〇タオルがあるととても役立ちます（39歳・主婦）」

「NASAでも使われている吸収力の高い素材が、〇〇タオルには使われています」

それでも購入に至らなければ、お客様が購入する気持ちになれるように、「30日間返金保証」など、買うためのハードルを下げる方法を提示しています。


これはまさに、日常のセールストークの流れと同じです。流れを意識することで、販売力の向上に結びつくのです。

通販番組を見るときのポイントは、**「どこで自分の感情が動くのか」を考え、その箇所**

やトークをメモしながら見ることです。
悩みに共感したのか、それとも解決法に驚いたのか、お客様の声や製法へのこだわりについて感心したのか、あるいは返金保証など買うためのハードルを下げることに興味を持ったのか、自分の感情が動いたポイントを覚えておく。それを店頭で再現することで、お客様の心に響くポイントがわかってくるのです。

通販番組は制作に莫大なお金がかかっているので、洗練された販売技術が駆使されています。その技術をタダで見ることができる。こんなお得なことはありません。ぜひチェックしてみてください。

法則5

相づち上手はリピーターが増えやすい

ファッションブランド「エムドゥ」アピタ江南西店に、前澤さんというかわいらしい女性の販売員が昨年までいらっしゃいました。彼女は入社7年目でリピーター70名以上という脅威のリピート率を誇っていました。

前澤さんが異動になって店舗が変わっても、「前澤さんから服を買いたい」「前澤さんと話がしたい」と以前からのお客様が何時間もかけて来店するぐらい、顧客やファンが多い販売員なのです。

彼女の販売の秘訣は、会話における「相づち」でした。お客様に寄り添って話を聞き、一言一句にきちんと相づちを打っているのです。とても聞き上手なのです。聞き上手ゆえに商品説明はひと言かふた言。お客様に聞かれたことしかお話ししません。

リピーターになってくれるお客様が販売員に何を求めているかというと、「安心感」です。「安心感」がない販売員は、お客様から信用されることはありません。「売り込まれる不安」や「任せておいて大丈夫なのかという不安」を抱かれるような販売員では、リピーターをつくることは難しいでしょう。

前澤さんとお話しすると、「売り込まない人」ということが伝わってきます。自分のことを本当に親身になって考えてくれているとお客様に伝わるのでしょう。

相づちに変化を持たせると、お客様は安心する

私にもこんな経験があります。

阪神タイガースの話を1時間45分ずーっと聞き続けて、リピーターになってくれたお客様がいます。その方は後日、口コミでいろいろな人を連れて来てくださいました。

私のところに人を連れて行こうと思っていただけたのは、自分が受け入れられていると感じたからでしょう。自分が受け入れられていると感じると、相手のことも受け入れてやろうと思うものなのです。

販売員は得てして、自分の知っている商品情報を発信することに集中しがちです。特に入社して3年目ぐらいまでは、新人研修で商品知識を叩き込まれるので、話したくてしょうがないのです。

しかし、これでは本人にその気がなくても、お客様は売り込まれていると感じてしまいます。ですから、お客様に安心感を持ってもらうためにも、お客様との会話では聞くことを意識し、相づちを打つようにしましょう。

人が話しているときに、聞き手に求めているのは「反応」なのです。その「反応」を示すときに重要なしぐさが、相づちです。

聞き上手な人は、相づちひとつとってみても、お客様の気持ちに合わせてゆっくり打ったり、強く短く打ったり、変化をつけていることがわかります。

変化をつけて相づちを打つことができるようになると、お客様は自分の話を真剣に聞いてくれているなと感じられます。

ただし、慣れていない人にとって、相づちはなかなか自然に打つのが難しいものです。自分は大丈夫という人も、客観的にチェックしてみましょう。接客ロールプレイを行う際に、自分の接客をＩＣレコーダーなどで録音して確認するとよくわかります。

自然な相づちが打てるようになるためにも、録音しながら練習をしてみましょう。

法則6

財布は一度閉じると、二度と開かない

お客様におすすめするときに、頭の隅に入れておいてほしいのが、商品の配送料やクレジットカードの手数料です。

というのは、お客様のお財布は、一度閉じるとなかなか開かないからです。

販売員が配送料や配達日を知っていれば、すぐにお客様に伝えることができ、スムーズにお会計へ移行できます。手際のいい販売員としてお客様にも喜んでいただけ、リピーターになってもらいやすくなります。

しかし、配送料や配達日がわからず待っていただこうとすると、買うのをやめてしまうお客様も少なくありません。

ですので、配送料や配達日、特に金額や配達日が変わりやすい北海道、沖縄などは忘れずにチェックしておきましょう。

ポイントカードの制度を知っておく

カードも同じです。たとえば、マスターカードやJCBだったら2回払いまでは手数料がかからないと覚えておきます。そうすれば、お客様のまとめ買いの後押しをすることができます。ご購入金額が3万円を超えたあたりで、ご提案するとよいでしょう。

それぞれのお店で使えるポイントも、極力覚えたいところです。たとえば、10万円分購入すると、1000円分がオトクになるとお伝えすれば、お客様の目にはその商品が1000円割引で映ることになります。

銀座などのショッピング街では、三越や松屋といった百貨店が軒を連ねていて、お客様も三越のカードを持っていたり、松屋のカードを持っていたりします。

それぞれのお店のポイント制度を知っておくことで、よりお得にお買い物ができることをアドバイスしましょう。そうすれば、あなたのリピーターになってくれるお客様が自然と増えていくはずです。

エピローグ

売れる力をつければ、一生食べていける

男性は40歳、女性は35歳を過ぎると、求人募集の数がグッと減ってしまいます。しかし、商品を売る力があると認められれば、どんな年齢でも必ず採用されます。仮にどこにも求人がなくても、商品を仕入れて自分で売ればいいだけです。

売る力をつければ、一生食べていくことができるのです。

和歌山県の路面店の薬局に、55歳で元気に現場に出ている「チオビタおばちゃん」がいます。彼女の隣にはいつも、ピラミッドのように積み上げられたチオビタドリンクの箱が置かれています。

販売の様子を見ていると、少々疲れ気味に見えるスーツ姿の男性が薬局の前を通ると「はい、お兄さん、お疲れさん。今日は暑くて大変だったでしょ」と言って、チオビタドリンクを渡す。

お母さんと小さい子どもが通ると「はい、お母さん、お疲れさん」とチオビタドリンクを渡しながら、「お子さんまだ小さいね。これから頑張んなきゃね」と言ってお母さんを励ましているのです。

そうしてみるみるうちにドリンクは減っていき、定時の17時にはすべてなくなってしまうのです。彼女はどのお店からも引っ張りだこで、スケジュール帳を見せていただくと、びっしり予定が埋まっていました。相当稼いでいる方だと思います。

私が、その方の販売を見て思ったのは、販売という仕事に年齢は関係ないということ。年を重ねたからこそ、できる販売方法もあるのだと気づかされました。

本書で私が最もお伝えしたかったことは、「販売は才能ではなく、技術である」ということです。私はよく「売る才能があるから売れるんだ」とか「橋本さんだから売れる」と言われますが、そうではないのです。私にも売れない時期はありましたし、売れる才能がないと思ったからこそ、技術を身につけようと思いました。

販売の技術は磨けば磨くほど光っていくし、技術も向上します。しかし、ただ何となくやっていても、売れるようにはなりません。頭で販売の技術を理解したからといって、明日から売れるようにはなりません。

筋トレと同じで、コツコツとトレーニングしていれば、その積み重ねで結果が出てくるのです。そして毎日欠かさずトレーニングしていれば、誰でも一人残らず売れるようになります。

今日からでも本書の内容を実践してトレーニングを重ねてください。1日でも早くトレーニングを始めることが、大きな差を生むのです。

そして、商品が売れる売れないにかかわらず、目の前のお客様に真心を持って接することも、とてもとても重要です。

そう言われても、商品があふれる日本の流通社会で販売されている販売員さんの中には、なかなか商品に真心を込められないという人もいるかもしれません。

あなたは、販売している商品を物だと思っていないでしょうか。

あなたが販売している商品は、物ではありません。多くの方々が作り出した、汗と涙のエネルギーの素晴らしい結晶です。

どうしても商品に愛着が持てない人は、マジックで商品に目と口を書いてみてください。商品が、生き物に見えてきませんか？　最初は私も変な感じがしていたのですが、何度も商品に目と口を書くうちに、商品が語りかけてきているとさえ思えるようになりました。

商品は、お客様の元でお役に立とうとしている生き物です。あなたの力で商品たちをお客様の元へ届けてあげてください。

販売という仕事に偶然携わることになった私ですが、本書の内容がいくらかでも悩んでいるみなさんのお役に立てばうれしく思います。

最後になりましたが、大和書房の鈴木萌さん、接客の現場取材にご縁とご協力をいただきました松久眞士さん、株式会社ハピネス・アンド・ディの田篤史さん、また、「販売は最終ランナー」の名づけ親であるＳＭＢＣコンサルティング株式会社の山口伸一さん、そして、本書執筆中、つねに側にいて、的確な助言をしてくれた売れる売れる研究所の寺田一通さんに感謝しながら、筆を置きたいと思います。本当にありがとうございました。

橋本和恵

【著者紹介】

橋本和恵（Kazue Hashimoto）

兵庫県生まれ。売れる売れる研究所 代表。なんでも売れるカリスマ販売員。様々なメーカーにて驚異的な売上を記録。日本テレビ「行列のできる芸能人通販王決定戦」にて消費者心理コメンテーターを務めるなど人間の「購買心理」を熟知した販売のプロ。

佐賀県立有田窯業大学校陶磁器科を卒業後、陶芸家として作品を制作する傍ら、たまたまアルバイトで始めた販売員に目覚め、販売のプロに異例の転身をする。訪問店舗は1000件を超え、販売員研修や講演などで全国から引っ張りだこに。実際の販売現場で鍛えた接客と独自の消費者研究により、どんなに売れない販売員もたった6ヶ月で売れる販売員に変身させる「橋本式売れる接客方程式」を編み出し、販売員研修にて実践した100％の企業の売上を上げている。

壇上にて橋本自らが接客実演見本を販売員に見せるなど、具体例のある販売員研修は幅広いメーカーや店舗など多くの企業から高く評価され、全国からリピート講演・研修の依頼が絶えない。年間講演回数100回以上。著書に『即効トークで3倍速く売るプロの販売』（日本実業出版社）がある。

座右の銘は「販売は才能ではない。技術である」「接客力はあなたの生きる力になる」「売上の限界を自分でつくるな！」等で、多くの悩める販売員に希望と売上を与えている。

売れる売れる研究所 HP　http://ureru-ureru.com/

誰《だれ》でもアッという間《ま》に
不思議《ふしぎ》なくらい商品《しょうひん》が
売《う》れる販売員《はんばいいん》の法則《ほうそく》

2013年5月30日　第1刷発行

著　者 ―― 橋本和恵《はしもとかずえ》
発行者 ―― 佐藤 靖
発行所 ―― 大和《だいわ》書房
東京都文京区関口1-33-4
電話　03-3203-4511

編集協力 ―― 宇治川 裕
ブックデザイン ―― 荒井雅美（トモエキコウ）
イラスト ―― 村山宇希

本文印刷 ―― 厚徳社
カバー印刷 ―― 歩プロセス
製本 ―― ナショナル製本

ISBN 978-4-479-79387-8

http://www.daiwashobo.co.jp